AF383264

Titelbild: Margarete Heiß vor ihrem Wohnhaus
(heute Lindenstraße 12)

Bibliografische Information der Deutschen Nationalbibliothek: Die
Deutsche Nationalbibliothek verzeichnet diese Publikation in der
Deutschen Nationalbibliografie; detaillierte bibliografische Daten sind
im Internet über dnb.dnb.de abrufbar.
© 2020 Michael Weber
Herstellung und Verlag: BoD – Books on Demand, Norderstedt
ISBN 9783750499225

Königshofen 1945 - Zeitzeugen berichten

Von Michael Weber

Die Zeit des „Dritten Reiches" brachte auch bei einigen Königshöfern die schlechtesten Eigenschaften zum Vorschein. Die sich dem Nationalsozialismus vorbehaltlos angeschlossen hatten und den Willen zur Macht besaßen, stiegen rasch auf, obwohl sie sich vorher nicht ausgezeichnet hatten, während andere kaum mehr zu sprechen wagten, aus Angst vor Denunziation und Verfolgung. Eine recht unrühmliche Rolle spielte der damalige Pfarrer Georg Bräuninger, der ein überzeugter Nationalsozialist war. Auf sein Betreiben hin kamen Ernst Röhm und Julius Streicher nach Königshofen, um ihre Reden zu halten. Wegen des großen Andrangs – die Leute kamen von weit her, teils aus Neugier, teils aus Begeisterung – sprach

Röhm zuerst in der Linde, Streicher aber im Stern; danach tauschten Sie. Die Zuhörer in der Linde hatten den Vortrag Röhms mit einem gewissen Wohlgefallen angehört, als Streicher zu Ihnen kam. Der Saal der Linde lag damals, genau wie der Saal des Stern, im Obergeschoss. Streicher kam also die Treppe herauf. In der Hand trug er eine Reitpeitsche – sein Markenzeichen – mit der er sich gelegentlich auf den Stiefelschaft schlug, was ein knallendes Geräusch erzeugte. Damit wollte er wohl seinen Worten Nachdruck verleihen. Er sah sich um und erblickte in einer Ecke des Saales eine Anzahl Pfarrer, die man an ihrer dunklen Kleidung erkennen konnte. In einem Tonfall äußerster Verachtung sagte er etwas wie „Wenn ich das schwarze Pfarrergesindel schon sehe...“, was von einem der Pfarrer mit einem lauten „Oho!“ quittiert wurde. Daraufhin Streicher: „Noch ein Ton aus dieser Ecke, dann lasse ich meine SA kommen und euch die Treppe hinunter werfen!“ und er knallte mit seiner Reitpeitsche. Dann ging

4

er in die Knie und sprang aus dem Stand auf den Tisch neben ihm.

Das ungezogene Benehmen Streichers kam bei der Bevölkerung nicht besonders gut an, aber die Sache der Nationalsozialisten wurde von vielen im Dorf unterstützt. Es war eine Zeit großer Armut. Nicht wenige kämpften buchstäblich ums Überleben, und viele hatten nicht einen Pfennig Geld in der Tasche. Salzheringe waren aus irgendeinem Grund spottbillig und sicherten das Auskommen so mancher Familie. Mit Arbeitsbeschaffungsmaßnahmen und gezielten Hilfsmaßnahmen, wie dem Winterhilfswerk, erwarben sich die Nationalsozialisten das Wohlwollen der Wählerschaft, gelangten an die Macht und erschufen in kurzer Zeit einen totalitären Staat, der geprägt war von allumfassender Kontrolle, Verleumdung und Denunziation sowie grausamster Unterdrückung. Im Vergleich zu dem, was in anderen Ortschaften geschah, im benachbarten Bechhofen etwa oder auch in den umliegenden Städten, ist in Königshofen damals nichts wirklich Schlimmes passiert. Aber das Wenige, von dem wir wissen, wirft ein Licht auf das Leben und den Alltag dieser lange vergangenen Zeit.

Pfarrer Bräuninger also spielte eine ebenso wichtige wie unrühmliche Rolle am Anfang. Ob er schon vor der sogenannten Machtergreifung dem Nationalsozialismus anhing, ist nicht mehr herauszufinden, aber als es nicht mehr als unstatthaft galt für einen Pfarrer, bekannte er sich deutlich dazu. Ich habe gehört, er trug unter dem Talar seine SA-Uniform, aber Augenzeugen dafür fand ich keine. Sicher ist, dass er ein eigenes Trüpplein SA-Leute zusammenbrachte, 20 oder sogar 25 Leute, und davon träumte, eine sogenannte Standarte zu begründen, was ihm jedoch nicht gelang. Eine größere Anzahl junger Leute, 30 oder 40, folgte ihm, als er Lastwagen anmietete, um zu den Reichsparteitagen nach Nürnberg zu fahren. Das waren dann natürlich beeindruckende Erlebnisse für die ländliche Jugend, die sonst kaum etwas Aufregenderes kannte als die winterlichen „Rockenstuben" und die eine oder andere Dorfkirchweih. Dass Pfarrer Bräuninger zu guter Letzt auch noch einen SA-Posaunenchor gründete, wurde ihm, wie es heißt, zum Verhängnis: Die Mittel dazu waren wohl unrechtmäßig erworben — möglicherweise aus kirchlichem Eigentum —, waren veruntreut und zweckentfremdet. Pfarrer Bräuninger wurde entlassen. Nach nur sieben Jahren in Königshofen zog er nach Landshut, wo er mit Unterbrechungen bis zu seinem Tod im Jahr 1958 lebte. Wie gerechtfertigt seine Entfernung aus dem Pfarrdienst auch gewesen sein mag: Er verdient unser Mitgefühl, denn seine beiden Söhne fielen im Krieg für den von ihm so verehrten „Führer", und als er nach dem Krieg bat, in den Pfarrdienst zurückkehren zu dürfen, wurde ihm das natürlich verwehrt.

Auf der Pfarrstelle Königshofen folgte ihm Hermann Bauernfeind nach, der mit den Nationalsozialisten rein gar nichts am Hut und dadurch einiges zu dulden hatte. Er war zum Glück ein recht beliebter Seelsorger, so dass ihm die gelegentlichen Zusammenstöße mit den örtlichen Parteifunktionären nicht viel anhaben konnten, aber es ist auch nicht alles spurlos an ihm vorübergegangen, wie wir in dem Bericht, den seine Witwe über seine Amtszeit in Königshofen verfasst hat, nachlesen können. Mehrfach mündlich überliefert wurde ein Ereignis am heutigen Dorfplatz, das bei vielen Menschen einen starken Eindruck hinterlassen hat. An der Stelle, wo heute in Königshofen das Feuerwehrhaus ist, stand damals offenbar ein großer Apfelbaum, der zwischen vier und sechs Zentnern gute Äpfel trug und, da das Grundstück der Gemeinde gehörte, jedes Jahr neu an den Meistbietenden versteigert wurde. Pfarrer Bauernfeind, der wie es heißt einen guten Apfel zu schätzen wusste, bot mit, was den Unmut und die Missgunst eines Parteifunktionärs erregte, der ihm daraufhin eine Szene machte: „Soweit kommt's noch, dass der Pfaff' unsere Äpfel ersteigert" – etwas in der Art muss er in großer Wut hervorgestoßen haben. Dieses Ereignis mag auf uns heute belanglos wirken, aber es veränderte bei einigen Anwesenden ihre Wahrnehmung der Nationalsozialisten im Ort und ihre persönliche Einstellung dazu.

Ein anderes Mal ließ der örtliche Jungvolkführer die Kinder unmittelbar vor dem Gottesdienst zu einem Appell antreten. Das Jungvolk traf sich damals in Föttingers altem Aussitzhäuschen, welches oberhalb von dem jetzigen Spielplatz beim Feuerwehrhaus stand. Nach dem Appell aber zog das kleine Trüpplein mit seiner Standarte in die Kirche ein, wo der Gottesdienst bereits begonnen hatte – eine hässliche Provokation, nicht nur für den Pfarrer, sondern für die ganze Gottesdienstgemeinde. Mit solchen und anderen, subtileren Handlungen versuchten die Nationalsozialisten den Kindern nahe zu bringen, dass die Kirche und der Glaube im Allgemeinen und der Pfarrer im Besonderen nicht viel wert waren, überflüssig eigentlich in der „neuen Zeit" des Nationalsozialismus. In der Schule, dem heutigen Gemeindehaus, ließ der Lehrer Otto Reuter die Kinder mit „Heil Hitler" antreten. Der Sportunterricht wurde durch paramilitärische Übungen ersetzt, wer

nicht mitmachen wollte, bekam Schläge auf die Finger-
spitzen.

Unterdessen gab es im Dorf auch ganz andere Stim-
men. Im Haus von Johann Friedrich Scheuerlein in der
heutigen Lindenstraße 14 trafen sich beinahe jede Woche
die Zweifler, unter ihnen auch Pfarrer Bauernfeind, um
über den Fortgang des Krieges und den Zustand des Staa-
tes zu diskutieren. Herr Scheuerlein, Jahrgang 1896, hatte
als junger Mann im Ersten Weltkrieg bei den Pionieren
gedient und genoss als Veteran das höchstmögliche Anse-
hen im Dorf. Dennoch war es auch für ihn gefährlich, seine Zweifel am „von der Vorsehung gesandten Führer" und
seiner Partei zu äußern. Und ich halte es für ein gutes Zeichen, dass die Königshöfer von damals diesen Kreis nicht
durch Denunziation dem Unrecht ausgeliefert haben.
Zwar wurde er wegen seiner kritischen Gedanken und
Äußerungen von dem damaligen Bürgermeister Friedrich
Engelhard hart bedrängt, aber letzten Endes doch nie an-
gezeigt. Herr Engelhard, Bürgermeister von 1943 bis 1945,

war zwar ein überzeugter Anhänger der Nationalsozialisten, besaß aber und bewahrte sich bis zuletzt etwas Anstand und Menschlichkeit.

Drohungen gab es jedoch und vorsichtig musste man sein, wie eine Kindheitserinnerung beweist: Der Sohn eines örtlichen Parteifunktionärs, ein Schuljunge damals, sagte zu seinen Mitschülern, als er sich von Ihnen ungerecht behandelt fühlte: „Euch helf' ich schon, euch meld' ich bei der Partei." Es liegt nahe zu denken, dass er das zu Hause aufgeschnappt hatte. Allerdings geriet er damit einmal an einen Jungen, der sich davon nicht einschüchtern ließ; der schlug ihn ins Gesicht mit den Worten: „Na los, meld' mich doch!"

Tatsächlich ist nicht bekannt, dass es in Königshofen und seinen Außenorten zu „echten" Denunziationen gekommen ist, und wo doch, so wurden diese schnell wieder ausgehebelt. Als ein früherer Königshöfer im Gasthaus Stern das Wiedersehen mit seinen Freunden feierte, schimpfte er auch über den bereits erwähnten Gauleiter

Julius Streicher, den er einen Lumpen nannte. Das hörte ein Schornsteinfeger, der dort übernachtete. Er ging am anderen Morgen zur Post, die sich im heutigen Anwesen Lindenstraße 10 befand, und erstattete von dort aus telefonisch Anzeige. Der Gendarm, den sich Königshofen damals mit Beyerberg teilte, erschien und nahm den Gast noch vor zehn Uhr morgens in Gewahrsam. Einer der Männer aber, die mit ihm gefeiert hatten, war der Ortsgruppenleiter der NSDAP. Als er von der Festnahme seines Freundes erfuhr, ging er wiederum zur Post und erreichte am Telefon seine Freilassung, indem er behauptete, der Schornsteinfeger hätte sich geirrt.

Fast unschuldig mutet an, dass damals auf dem heute noch bestehenden Stückchen Gemeindegrund an der Ecke Münsterstraße / Dorfstraße eine sogenannte Hitlerlinde gepflanzt und um das Bäumchen herum ein „Hitlergärtla" angelegt wurde. (Die Linde hat übrigens sowohl ihren Namensgeber als auch das „tausendjährige Reich" überlebt und gedeiht noch heute.)

Dass der nationalsozialistische Unrechtsstaat trotz der harmlosen Verläufe in Königs-hofen nicht weit weg war, zeigen die Vorfälle im benachbarten Bechhofen, wo die jüdischen Mitbürger grob misshandelt wurden, vertrieben, zum Teil weggebracht, um ermordet zu werden, und das jüdische Gotteshaus geschändet und zerstört wurde.

Anfang 1945 kam der Krieg spürbar näher. Mit Entsetzen erlebte die Bevölkerung die Bombenangriffe auf Nürnberg; das Leuchten der brennenden Stadt konnte man selbst hier sehen. Ansbach wurde angegriffen, auch der Flugplatz beim nahen Voggendorf. Kinder und Erwachsene litten Todesangst.

In den letzten Kriegstagen und -wochen konnte man sich tagsüber kaum draußen sehen lassen, wegen der Tiefflieger; allerdings kam aus Königshofen niemand zu Schaden. Die zuletzt hier stationierten Wehrmachtssoldaten hielten sich ebenfalls verborgen. Vier Luftabwehrgeschütze („8,8") wurden aufgestellt, eines beim Anwesen der Familie Muser in der heutigen Prof.-Pächtner-Straße, eines bei der Familie Weiß, heute An der Nutzung, und noch zwei weitere am Ortsausgang Richtung Bechhofen sowie Am Brechhaus. Alle zeigten Richtung Norden, denn man rechnete damit, dass die Amerikaner von dort kommen würden. Es wurde jedoch nur eine einzige Granate abgefeuert, die dem Vernehmen nach in Mittelschönbronn in eine Scheune einschlug. Die Straßen nach Bechhofen und Waizendorf wurden vermint, ebenso der Wiesether oder Meierndorfer Weg (Verlängerung der heutigen Steingasse). Die Brücke bei der Weihermühle wurde gesprengt. Auch die Brücke, die vor dem Gemeindehaus über den Ochsengraben führte, sollte gesprengt werden, aber die Soldaten konnten zuletzt doch noch überzeugt werden, davon abzusehen.

Die zuletzt eingezogenen Jungen, Friedrich Angermeier, Georg Arnold und Wilhelm Scheuerlein (der Sohn des schon erwähnten Johann Friedrich Scheuerlein) wussten, dass die Amerikaner sogar schon in Weißenburg waren. Sie beschlossen daher, ihrem Stellungsbefehl nicht zu folgen, sondern sich versteckt zu halten. Das allgemeine Durcheinander, das zuletzt herrschte, gab ihnen dazu den nötigen Mut. Unter anderen Umständen wären sie, wenn man sie erwischt hätte, umgebracht worden, obwohl sie erst fünfzehn, sechzehn Jahre alt waren; das wussten sie. Ältere Männer, die ebenfalls zum „Volkssturm" eingezogen wurden, sollten sich in Burk melden, um von da aus zu ihrem Einsatzort „an der Donau" gebracht zu werden. Unter ihnen war Karl Dehm sen., der sich aber in Burk auskannte und die anderen dort in ein Versteck führte, wo sie sich bis zum folgenden Tag verbargen. Eine Gruppe um Johann Friedrich Scheuerlein ging heimlich in den Wald. Über Nacht aber verschwanden alle Wehrmachtssoldaten aus Königshofen und Umgebung.

Als dann die Amerikaner endlich kamen, kamen sie nicht von Norden, sondern von Burk her, also von Westen. Zum Erstaunen aller saß Ernst Buchner mit in ihrem Wagen, einem Jeep. Der Junge aus dem zerbombten Nürnberg lebte damals bei seinen Verwandten in Königshofen. Ihn hatten die amerikanischen Soldaten beim Holzklauben im Wald aufgelesen, damit er sie zum Bürgermeister brächte. Beim „Gänsweiher“, das ist der mittlerweile trockengelegte Weiher am Ortsausgang Richtung Burk gleich rechts, war die Straße von den Wehrmachtssoldaten gesprengt worden. Das hielt die Amerikaner jedoch nicht auf: Sie fuhren einfach nach rechts von der Straße ab und kamen über das Brechhaus in den Ort. Nun sprachen die Amerikaner kein Deutsch und die Königshöfer kein Englisch, es war aber damals im Haus der Familie Ziegler (gegenüber vom Pfarrhaus, heute Münsterstraße 15) eine Rheinländerin einquartiert, die Englisch sprach. Sie übersetzte: Alle Waffen müssten abgegeben werden. Nach ihrem Besuch beim Bürgermeister brachten die Amerikaner Ernst Buchner wieder zurück in den Wald, wo sie ihn fanden. Er wollte das eigentlich nicht, aber es gelang ihm nicht, sich verständlich zu machen.

Im Allgemeinen wurde die Ankunft der Amerikaner als Befreiung empfunden, aber die Begeisterung hielt sich in Grenzen. Einige glaubten immer noch an den „Endsieg". Bürgermeister Engelhard war Anfang Mai gerade mit dem Wiederaufbau der Weihermühler Brücke beschäftigt, als ihm gesagt wurde, dass im Radio die deutsche Kapitulation bekanntgemacht worden war. Er konnte es aber nicht glauben und beharrte darauf, dass es sich dabei um einen Irrtum oder eine Unwahrheit handele. Er wird nicht der einzige gewesen sein. Es gab ja damals in den Zeitungen oder im Rundfunk keinerlei kritische Berichterstattung, Skeptiker und Andersdenkende wurden als „Vaterlandsverräter" oder als „Volksfeinde" diffamiert und mundtot gemacht. Es dauerte Jahre und Jahrzehnte, bis die Mehrheit der Deutschen das Dritte Reich als das erkannte, was es war: Eine brutale Diktatur eben, gegründet auf Nationalismus, Faschismus und Rassismus. Es war der übereinstimmende Wunsch der Zeitzeugen, die ihre Erinnerungen zu diesem Büchlein beigetragen haben, dass die Menschen von heute verstehen möchten, was für eine

schlechte Zeit das damals war.

Dieser Text basiert auf den Erinnerungen von:

Georg Arnold, Jahrgang 1928

Luise Christl, geb. Scheuerlein, Jahrgang 1934

Karl Dehm, Jahrgang 1936

Friedrich Heiß, Jahrgang 1930

Die folgenden Pfarrer amtierten in der Zeit des „Dritten Reiches":

Georg Bräuninger

Geboren 3. April 1886 in Neustadt an der Aisch

Ordiniert 6. März 1911 in Ansbach

Pfarrer in Königshofen 1. November 1928 bis 31. Oktober 1935

Nach kurzen Stationen in Bettwar, Kirchrimbach, Osternohe, Tauberzell, Bürglein und Thannhausen wurde B. 1914 Feldgeistlicher. Kurze Zeit war er Pfarrer in Bernstein, 1918 bis 1928 in Kasendorf (2. Pfarrstelle), und kam dann nach Königshofen. Die Großfamilie Bräuninger erinnert sich an ihn als originell und lustig. Er war mit einer Lydia verheiratet. Ihre beiden Söhne sind im Zweiten Weltkrieg gefallen. Nach seiner Entlassung wegen Untreue im Amt zog er am 16. Oktober 1935 nach Landshut an der Isar in die Maistraße 6, wo er mit Unterbrechungen bis zu seinem Tod am 27. Oktober 1958 lebte bzw. wo er seinen Hauptwohnsitz hatte. Seine Frau Lydia, geb. 1894, lebte noch bis 1979. Beide sind auf dem Waldfriedhof in Landshut begraben.

Die vergoldete Fahne auf dem Kirchturmknopf zeigt links und rechts neben einem Kreuz die Jahreszahlen 1838 und 1871. Unter dem Kreuz wurde noch die Jahreszahl 1933 eingefügt. Damals wurde der Turmknopf erneuert, dem auf Betreiben Bräuningers ein Schriftstück beigegeben wurde, das sich wohl noch darin befindet. Pfarrer Günther hat seinerseits eine Fotografie davon „ausgegraben". Der handschriftliche Text darauf lautet wie folgt:

„Urkunde

für den Turmknopf zu Unserer lieben Frauen-

Kirche zu Königshofen.

Anläßlich der Erneuerung des Kirchturm-

knopfes in großer Zeit wünscht die unterfertigte

Staatsregierung dem altehrwürdigen Gotteshause

zu Königshofen Gottes Segen.

Mögen künftige Geschlechter, welche

diese Urkunde öffnen, die Früchte ernten, zu

welchen der Gründer des neuen Deutschlands

unser Führer Reichskanzler Adolf Hitler

am 21. März dieses Jahres zu Potsdam den

Samen gelegt hat.

München, 16. Mai 1933"

Die Unterschriften stammen von bzw. lauten auf:

Hans Schemm, „Kultus-Minister"

Franz Ritter von Epp, „Reichsstatthalter"

Ludwig Siebert, „Ministerpräsident"

Hans Frank, „Justiz Minister"

Hermann Esser, „Staatskanzlei"

Adolf Wagner, „Minist. d. Innern"

Hans Dauser, „Staatsm."

Gf. (Graf) Quadt

Urkunde

für den Dienkruoft zu Unserer lieben Frauen
Kirche zu Königshofen.

Anläßlich der Erneuerung des Kirchturm-
kreuzes in großer Zeit weiht die unterfertigte
Landesregierung dem altehrwürdigen Gotteshaus
zu Königshofen Gottes Segen.

Mögen künftige Geschlechter, welche
diese Urkunde öffnen, die Kräfte erahnen, zu
welchen die Gründer des neuen Deutschlands
unter Führer Reichskanzler Adolf Hitler
am 21. März dieses Jahres zu Potsdam den
Samen gelegt hat.

München, 16. Mai 1933.

A. Scherm
millitär. Minister

Reichsstatthalter:

Franz Ritter von Epp

Ministerpräsident:

Ludwig Siebert

Hermann Bauernfeind

Geboren am 17. Mai 1890 in Krögelstein

Ordiniert am 10. März 1914 in Bayreuth

Pfarrer in Königshofen vom 1. Mai 1936 bis † 26. Februar 1945

Nach einigen Jahren als Stadtvikar und Gefängnisseelsorger in Regensburg wurde Hermann Bauernfeind am 14. Juni 1917 Pfarrer in Markt Nordheim und wechselte von dort zum 1. Januar 1919 nach Krassolzheim und zum 1. November 1926 wiederum nach Gnötzheim. 1936 kam er nach Königshofen, wo er heute auch begraben liegt. Am 26. Februar 1945 war er auf dem Weg zu seiner Tochter in Würzburg, als der Zug, mit dem er reiste, in der Nähe von Mörlbach bei Steinbach von Flugzeugen angegriffen wurde. Während er versuchte, sich in Sicherheit zu bringen, traf ihn eine Kugel in die Stirn und tötete ihn. Der dortige Pfarrer Dannhaimer sprach von einem Bild des Grauens: Der mit Soldaten, russischen Kriegsgefangenen und Zivi-

listen stark besetzte Zug war heftig beschossen worden.
Nach dem Abzug der Angreifer standen zwei Feldscheu-
nen in Flammen, der Anbau eines Hauses und einer der
Eisenbahnwaggons. Rund um den Zug lagen Tote und
Verwundete. Überlebende suchten verzweifelt Zuflucht im
Dorf. Pfarrer Dannhaimer veranlasste, dass der Leichnam
Pfarrer Bauernfeinds nach Colmberg gebracht würde, wo
der Gastwirt Christian Beyer aus Birkach, der den noch
von Pferden gezogenen Leichenwagen fuhr, ihn abholte
(siehe Seite 111). Damit ihn nicht dasselbe Schicksal ereil-
te, fuhr er bei Dunkelheit. Erwin Simon, ein späterer
Mesner, damals noch Konfirmand, wirkte bei der Beiset-
zung als Kreuzträger mit. Auf den Seiten 97 bis 105 findet
sich ein Bericht über seine Amtszeit, verfasst von seiner
Witwe.

Hans Greifenstein

Geboren am 2. November 1883 in Erlangen

Ordiniert am 3. März 1907 in München

Pfarrer in Königshofen vom 18. März 1945 bis März 1951

Nach einigen Jahren als Hilfsgeistlicher in Nürnberg-Sankt Matthäus versah Hans Greifenstein für jeweils kurze Zeit seinen Dienst in Weißenstadt und Rehau, bevor er am 21. März 1916 die zweite Pfarrstelle Marktredwitz erhielt. Zum 1. Juni 1928 wechselte er auf die erste Pfarrstelle Nürnberg-Sankt Peter, von wo aus er zum 1. Dezember 1934 als Oberkirchenrat nach München gerufen wurde. Seine Tätigkeitsschwerpunkte lagen im Schulwesen und im Bereich der Liturgik. Er erkannte die Versuche der Nationalsozialisten zur Unterwanderung der Kirche und arbeitete im Rahmen seiner Möglichkeiten dagegen an. Nachdem im Zuge der Kriegswirren der Landeskirchenrat nach Ansbach verlagert worden war, wurde er dort beim zweiten Bombenangriff am 23. Februar 1945 verschüttet und reichte seinen Rücktritt als Mitglied der Kirchenleitung ein. Daraufhin wurde ihm die Pfarrstelle Königshofen übertragen, wo er am 18. März eintraf. Er berichtete schriftlich über das Kriegsende in Königshofen und führte seine Gemeinde durch die schwierige Zeit danach. 1951 trat er endgültig in den Ruhestand und zog nach Nürnberg, wo er am 12. August 1959 nach schwerer Krankheit starb und auf dem Johannisfriedhof beerdigt wurde. Auf den Seiten 88 bis 95 ist sein offizieller Nachruf abgedruckt, dessen Verfasser leider unbekannt ist, eine Fotografie von ihm auf Seite 96.

Erwin Günther

Geboren am 30. November 1913 in Berlin

Ordiniert am 15. September 1943

Pfarrer in Königshofen vom 1. April 1951 bis 15. August 1961

Nach kurzer Zeit als Amtsaushilfe in Bayreuth ging Pfarrer Günther am 11. November 1947 auf die zweite Pfarrstelle in Wunsiedel. Nach seiner Zeit in Königshofen trat er am 16. August 1961 seinen Dienst in Neugablonz an. Zum 16. September 1969 wechselte er noch einmal, nach Dombühl. Seinen Ruhestand verbrachte er in Dinkelsbühl. Er starb am 4. Oktober 1988 und liegt gemeinsam mit seiner Frau auf dem Friedhof in Königshofen begraben. Seine große Leistung war die grundlegende Renovierung, die dem Münster seine heutige Gestalt gab. Er forschte intensiv in der Geschichte der Kirchengemeinde Königshofen und hinterließ viele Aufzeichnungen dazu, weswegen er auch hier aufgeführt ist.

Das Marienmünster um 1950

Die letzten Tage des 2. Weltkrieges in Königshofen

Von Hans Greifenstein

Abschrift gefertigt von Pfarrer Erwin Günther im Juli 1954

Der zu Ende gehende zweite Weltkrieg hat seine Wogen auch in die Pfarrei Königshofen geworfen. Der Wellenschlag war nicht immer gleich. Aber an nicht wenigen Tagen gingen die Wellen sehr hoch. Man hätte diesen Wechsel eigentlich in einem Tagebuch festhalten müssen. Nachdem dies nicht geschehen ist, kann über die letzten Wochen der Kriegszeit nur ein zusammenfassender Bericht gegeben werden. Aber auch so mag es für später von Interesse sein, zu hören, wie sich das Geschehene der Kriegszeit im engen Raum eines fränkischen Dorfes ausgewirkt hat.

Der Berichterstatter war am Sonntag, den 18. März 1945, mit seiner Frau nach 17-stündiger Reise von Neuendettelsau hierher gekommen. Die Zerstörungen an der Eisenbahn hatten endlose Zugverspätungen zur Folge. So mußten wir unterwegs stundenlang auf den nächsten Zug warten und kamen erst in tiefer Nacht hier an. Bei dem zweiten Luftangriff auf Ansbach, am 23. Februar, war unsere Wohnung, Markgrafenring 13 p, durch eine Bombe zerstört und waren wir selbst schwer verschüttet worden. Erst nach vierstündiger harter Arbeit hatte man uns ausgegraben. Meine Frau und ich waren aber so mitgenommen, daß wir das Krankenhaus in Neuendettelsau aufsuchen mußten. Drei Tage nach unserer Verschüttung wurde Pfarrer Bauernfeind von Königshofen, der seine Tochter in Würzburg besuchen wollte, in der Nähe von Mörlbach durch Tieffieger erschossen. Diese griffen den Zug, in dem er fuhr, mit Bordwaffen an. Die Passagiere, die teils unter dem Zug, teils links und rechts der Bahnstrecke Deckung suchten, wurden fast eine halbe Stunde lang beschossen. Pfarrer Bauernfeind hatte sich schon ca. 150 m vom Zug entfernt. Da traf ihn eine Maschinengewehrkugel in die Stirn und tötete ihn. Auf die Kunde vom Tod des Pfarrers von Königshofen beschlagnahmte der Landeskirchenrat in Ansbach 2 Zimmer des hiesigen Pfarrhauses für meine obdachlose Familie und veranlaßte meine zwei Töchter, die in der Zwischenzeit aus dem zerstörten Haus am Markgrafenring noch ziemlich viel Hausrat ausgegraben hatten, den Umzug hierher sofort durchzuführen. Ich hatte für uns andere Pläne gehabt. Aber ich erfuhr die Anordnung des LKR erst, als schon ein Teil unserer Habe nach K. gebracht war. Gleichzeitig wurde ich beauftragt, zu meiner Erholung einige Zeit hierzubleiben und die verwaiste Pfarrstelle zu versehen. So wurde ich für die Zeit des Kriegsausgangs ganz ohne mein Zutun Pfarrherr von Königshofen.

In der Zeit vom 18. März bis zum Ostersonntag ereignete sich nichts Besonderes. Der Feind war aber, zuerst im Norden, dann auch im Süden über den Rhein gedrungen und man spürte, wie die Front langsam näher rückte. Sie war aber doch noch so weit weg, daß man sich nicht eigentlich bedroht fühlte. Man merkte den näher kommenden Krieg nur an den immer mehr sich verschlechternden Verkehrsverhältnissen. Eine Fahrt von Bechhofen nach Ansbach kostete jetzt einen Tag von 20 und mehr Stunden. Der einzige Tageszug, der an die Stelle der 4 Zugpaare getreten war, fuhr schon früh 5 Uhr, um die Tiefflieger zu vermeiden. Unterwegs hatte man in Ansbach gewöhnlich ein paar Mal Fliegeralarm und mußte oft stundenlang im Keller sitzen. Der Abendzug hatte meist 1 – 3 Stunden Verspätung. Und oft wurde es Mitternacht, bis man wieder in Königshofen war. Einige Male kam der Abendzug auch erst am andern Früh gegen 6 Uhr nach Bechhofen.

Neben diesen Verkehrsverhältnissen waren es die Flieger, die uns täglich an den Krieg denken ließen. Tag um Tag flogen die feindlichen Bomber in großer Anzahl über unser Dorf. Sie flogen so, daß man ihre Pulks deutlich sehen konnte. Und ihr Dröhnen erfüllte stundenlang die

Luft. Auch den Rückweg von ihren Zielen nahmen sie meist über K. Es waren fast immer an 1000 und mehr Maschinen. In einzelne Pulks aufgelöst, ihre todbringenden Lasen tragend, zogen sie in majestätischer Ruhe ihre Bahn, uns täglich von Neuem zum Bewußtsein bringend, wie wehrlos wir gegen jeden Angriff aus der Luft waren und wie aussichtslos der Kampf gegen die Alliierten. Wenn sich auch hier und da noch am Morgen, bevor die Angriffe der Feinde aus der Luft begannen, ein deutscher Torpedojäger von Katterbach oder einem der Flugplätze bei Nürnberg sehen ließ, sobald sich die großen Heerzüge der viermotorigen Bomber und der sie begleitenden und schützenden Jabos (Jagd-Bomber) sehen ließen, war kein deutscher Flieger mehr da und von Flugabwehr keine Rede mehr. Man konnte den feindlichen Maschinen nur erschüttert nachsehen und nach kurzer Zeit nach dem ferneren oder näheren dumpfen Einschlag der Abwurfbomben vermuten, welcher Ort wohl von ihnen heimgesucht und verheert worden war. In den ersten 14 Tagen unseres

Hierseins waren es noch ferne Ziele, die die Bomber aufsuchten. Später aber lagen die Ziele schon nahe, wie man an der kurzen Flugzeit feststellen konnte, ohne daß immer genau auszumachen war, wo der Angriff stattgefunden hatte. Einmal ums andere Mal wurde Nürnberg angegriffen. Aber auch Gunzenhausen, Nördlingen, Oettingen und Crailsheim wurden bombardiert. Schlimmer für uns als die Viermotorigen, die nur durch ihre Motoren die Nerven erregten, aber über K. nichts abwarfen, waren die Jabos, die sich oft blitzschnell von einem Pulk ablösten und im Sturzflug unter heftigen Feuern mit Maschinengewehren und Bordkanonen auf ein Ziel, das sie reizte, herunterstürzten. Sie hatten schon seit langem als Tiefflieger die Bevölkerung erschreckt und die Frühjahrsbestellung der Äcker und Wiesen sehr behindert und aufgehalten. Sie hatten auch dem Eisenbahnverkehr durch Abschuß von Lokomotiven und Beschießen der Personenwagen schweren Schaden zugefügt. Die Strecke Dombühl – Nördlingen war von den Jabos schon im Sommer und Herbst 1944

wiederholt beschossen worden, während die Bomber die
für den Verkehr und Transport wichtigen Bahnhöfe syste-
matisch, einen nach den andern, zerstörten. In Würzburg,
Ansbach, Treuchtlingen lagen die Bahnhöfe in Trümmern
und es dauerte nach Kriegsende lange, bis in dem fürchter-
lichen Durcheinander von Steinen, Balken, Schienen und
eingestürzten Unterführungen nur für 1 oder 2 Gleise Platz
geschaffen war. Heute noch, 5/4 Jahr nach Abschluß der
Kämpfe, ist der Ansbacher Bahnhof eine Stätte der Ver-
wüstung, ringsum von den Ruinen der zerstörten Gebäude
und Stellwerksbauten umgeben und nur behelfsmäßig für
den starken Verkehr, der wieder eingesetzt hat, hergerich-
tet.

Die Tiefflieger wurden, je mehr es dem Ende zuging,
immer angriffslustiger und so eine schwere Plage. Immer
wieder gab es durch sie auf dem Feld oder auf den Land-
straßen Tote. So wurden bei Colmberg ein LKW von ihnen verfolgt. Der Fahrer wurde in den Kopf geschossen.
Zwei Ausländer, die hinten aufsaßen, wurden schwer ver-

letzt. Die Menschen, die unten auf der Erde sich sehen ließen, waren Freiwild für diese „Soldaten“. Sie scheuten sich nicht, mit überlegener Feuerkraft wehrlose Menschen anzugreifen. Und die feindliche Heeresleitung, die jeden Verstoß des deutschen Heeres gegen das Völkerrecht für spätere gerichtliche Ahndung festhielt, hatte gegen diese Verstöße offenbar nichts einzuwenden. Man hört auch jetzt nicht, daß der Krieg aus der Luft, den die Sieger gegen die Nichtkombattanten in Deutschland führten und der unter der deutsch Zivilbevölkerung weit mehr Opfer forderte, als sie z. B. die englische Armee bringen mußte, unter den Gesichtspunkten von Recht und Menschlichkeit nachgeprüft und, wo es not ist, bestraft werden soll. Es bleibt eben auch heute bei der alten Wahrheit: Si duo idem faciunt non est idem (Wenn zwei dasselbe tun, ist es nicht das Gleiche.). In den letzten Wochen flogen die Jabos immer wieder das nahe Voggendorf an. Dort sollte zu allerletzt – auch ein Symptom der kopflosen Hast, in die die „geniale“ deutsche Kriegsführung durch den „Gefreiten des Weltkrieges" schließlich ausgeartet war – ein Riesenflugplatz für V-Waffen aus dem Boden gestampft werden. Gegen 2000 Arbeiter wurden hergeschafft und in schnell aufgestellten Baracken untergebracht. Ein paar Bauernhöfe wurden enteignet und dem Erdboden gleich gemacht. Ein großer Wald wurde abgeschlagen, eine breite Straße wurde angelegt. Aber unter den ständigen Angriffen der Jabos und angesichts der immer näher rückenden Front wurde das Unternehmen schließlich wieder aufgegeben. „Ein großer Aufwand schrecklich war vertan." Bei einem der Angriffe der Jabos auf Voggendorf kam eine evangelische Luftwaffenhelferin ums Leben Sie wurde am 7. April durch den Pfarrer von Bechhofen in Arberg beerdigt.

Infolge der ständigen Bedrohung durch die Tiefflieger wurde es immer schwieriger, die Gottesdienste abzuhalten und die Toten zu beerdigen. Da die Flieger meist schon kurz nach 8 Uhr auftauchten, mußte der Gottesdienst am Sonntag schon früh um ½ 8 Uhr beginnen. Beerdigungen und Gedächtnisgottesdienste für Gefallene wurden teils früh um 7 Uhr, teils erst abends nach 6 Uhr abgehalten. Trotzdem wurde ein Leichenzug, der sich von Röttenbach aus nach K. in Gang gesetzt hatte, von Tieffliegern bemerkt. Als diese herabstießen, mußten die Leute ins Dorf zurück. Einmal gab es sehr unbehagliche Augenblicke, als bei einer anderen Beerdigung die vielen schwarz gekleideten Gestalten, die den Fliegern beste Sicht boten, auf dem Friedhof standen und man plötzlich ein paar Flieger heranbrausen hörte. Bei einem der Abendgottesdienste zuckte auch die ganze Gemeinde und der Pfarrer jäh zusammen, als ein Jabos ganz in der Nähe vorüberflog und auf eine Bewegung unten ihr Feuer abgab. Es war zu verstehen, wenn unter solchen Umständen ängstlichere Gemüter sich vom Gottesdienstbesuch abhalten ließen. Man darf aber feststellen, daß der Gehorsam gegen Gottes Gebot und das Verlangen nach Aufrichtung durch Gottes Wort größer war als die Angst und Sorge des Fleisches. Es war immer noch eine stattliche Gemeinde, die sich in der

Kirche sammelte. Auch ihre Frühjahrsbeichte am Quasimodogeniti ließen sich die Königshöfer nicht nehmen. Es fanden sich, obwohl sie noch um 2 Uhr gehalten wurde, über 50 Beichtleute zu ihr ein. Am Ostermontag hatte ich die Predigt in Bechhofen übernommen. Als ich gegen ¾ 8 Uhr dort eintraf, hatte sich das Bild des sonst am Sonntagmorgen so stillen Marktes völlig verändert. Über Nacht war Bechhofen ein Kriegslager geworden. Überall standen LKWs und Kübelwagen. Pferde wurden gestriegelt und gefüttert. Vor den Häusern standen Soldaten und die Jugend des Ortes sammelte sich neugierig um sie. Ordonnanzen liefen hin und her. Und die Essenholer trugen Kaffee. Die Bevölkerung war in großer Aufregung über den überraschenden Einmarsch des Militärs. Man hatte bis dahin gehofft, daß die Stoßrichtung des Krieges an uns vorübergehen werde. Es war die Rede gewesen von Kämpfen im Spessart, um Würzburg und um Crailsheim. Und man hatte erwartet, von dort aus würden die militärischen Bewegungen den Eisenbahnlinien Würzburg – Ansbach –

Nürnberg und Crailsheim – Ansbach – Nürnberg folgen.
Von Zeit zu Zeit, bei gewisser Windrichtung, hatte man in
der Ferne schon das Rollen und Grollen des Artilleriefeuers der Front gehört. Von der „Front" durfte man freilich
nicht reden, das ließ die „Partei" nicht zu. Aber jeder wußte, dieses lang andauernde Rollen und Grollen kommt
nicht von Bomben, die abgeworfen wurden, sondern ist
der Hall der Kanonen, die an der Front abgeschossen werden. Bis heute war das alles freilich noch etwas Fernes gewesen. Jetzt aber war der Krieg mit dem über Nacht auf-
getauchten deutschen Militär mitten in unsere Heimat
hineingesprungen. Jetzt wurde es ernst. Jetzt mußte man
mit allem rechnen. Das war es, wovon alles redete und was
jedermann aufs Herz fiel.

Und nun entwickelten sich die Dinge überraschend
schnell, wenn es der immer stärker werdenden seelischen
Spannung auch immer noch viel zu langsam ging. Die
Front rückte von Tag zu Tag spürbar und hörbar näher. In
der Woche nach Ostern hörte man Tag und Nacht stun-

denlang das „Wummern“ des Artilleriefeuers in der Ferne. Zeitweilig hörte es auf, um dann verstärkt und näher wieder aufzuleben. In dieser Zeit liefen die wildesten Gerüchte. Bald war Crailsheim, bald Rothenburg, bald Dinkelsbühl bereits von den Amis besetzt. In einer Nacht nach Ostern weckte uns das Geheul einer Sirene. Wir trauten erst kaum unseren Ohren. Wie sollte eine Sirene nach Königshofen kommen? Aber dann gellte sie zum zweiten Mal und gab richtig Vollalarm. Da mußte man schon aufstehen und fragen, was los wäre. Der Alarm war mit einer Handsirene gegeben worden. Er galt dem Volkssturm, den man im Wahnsinn der letzten Monate aus den Männern der Heimat gebildet hatte und von dem man sich einbildete, er würde den Feind, von dem das Heer auf Schritt und Tritt zurückgeworfen wurde, aufhalten und das Land mit seinen jämmerlichen behelfsmäßigen Waffen, mit ein paar Gewehren und ein paar „Panzerfäusten“ verteidigen. Dieses Mal wurde der Volkssturm von Königshöfen gegen feindliche „Panzerspitzen“ in der Nacht ausgeschickt. Er marschierte ein paar Stunden hin und her, und kehrte, ohne etwas ausgerichtet zu haben, in der Frühe wieder heim. In der Folge wurde er noch einige Male aufgerufen, um „Panzersperren" und „Panzerfallen" zu bauen. Gegen Burk zu schlug er 60 – 80 Bäume und rammte sie quer über die Straße in den Erdboden. Diese sinnlosen Hindernisse, die die feindlichen Panzer nicht aufhalten konnten, weil diese sie überall mit Leichtigkeit umfuhren, mußten später von den gleichen Leuten, die sie hatten aufrichten müssen, wieder beseitigt werden. Das war das Einzige, wozu sie gedient hatten.

An anderen Orten hat man die Volkssturmleute, alte Männer und Knaben von 15 Jahren an, schließlich noch ins Heer eingegliedert und ohne Waffen mitkämpfen lassen. So wurde mancher am Ende noch gefangen. Viele kamen in den großen Kriegsgefangenenlagern, in denen man Zehntausend zusammenpferchte und nicht in der Lage war, sie einigermaßen ausreichend zu ernähren, durch Hunger und Krankheit um. Viele andere sahen erst nach langen, harten Wochen die Heimat wieder. In unserer Gegend kam es zum Glück nicht dazu, daß der Volkssturm kämpfen mußte. Die Leute hatten auch gar keinen Kampfgeist. Sie spürten deutlicher als die Führung, die nicht mehr für das Volk sondern nur noch für die eigenen Existenz kämpfte, daß dieser Krieg endgültig verloren war und daß der Kampf nur eine nutzlose Verlängerung des Krieges und eine verbrecherische Vernichtung von Leben und Güter bedeutet. Deshalb haben sich die Männer des Volkssturms in den letzten Tagen bald bei diesem, bald bei jenem „Einsatz" „nach rückwärts konzentriert". Das taten sie freilich alle mit großer Angst. Denn der Terror, mit dem das 3. Reich stand und fiel, hat sich gerade am Schluß des Krieges noch einmal scheußlich ausgetobt. Im Rundfunk und in den Zeitungen war fast jeden Tag zu hören, daß der oder jener, der sich dem Befehl, mit allen Mitteln bis zum Äußersten Wiederstand zu leisten, widersetzt hatte, öffentlich aufgehängt und daß auch seine „Sippe" ausgerottet worden sei. Und die Soldaten, die hier im Quartier lagen, erzählten, daß sie auf dem Marsch Männer und Frauen, Majore, Unteroffiziere, Mannschaften und Nachrichtenhelferinnen, die die SS aufgehängt hatte, an den Bäumen hatten baumeln sehen. Mit diesem Terror hoffte der NS Männer zu schaffen. Aber er schuf nur Feiglinge. So lange er die Gewalt hatte, machte er die Menschen zu seelenlosen und gewissenlosen Handlangern, die alles ausführten, was man ihnen befahl, auch die scheußlichsten Verbrechen, wie das Volk zu seinem Entsetzen nach dem Kriege erfuhr, Menschen, die vor sich und vor der Welt ihre Unmännlichkeit hinter dem Wort versteckten: „Befehl ist Befehl". Und als seine Gewalt zerbrach, da stand das Volk nicht auf, um mit seinen Peinigern abzurechnen, sondern drückte sich, so lange noch ein SS-Mann oder ein Feldgendarm in der Nähe war. Die Volkssturmleute aber gehorchten bis zuletzt dem Befehl. Freilich sabotierten sie ihn heimlich, indem sie zwar noch mitmarschierten, aber bei nächster Gelegenheit vom großen Haufen „abkamen" und stundenlang oder gar eine Nacht lang draußen im

Wald blieben, während ihre Frauen daheim in größter Angst und Sorge um sie waren. Erst wenn sie erfuhren, daß ihnen keine Strafe drohte, wagten sich die „Versprengten" wieder heim. Auch an diesem Beispiel wie an zahllosen anderen trat zu Tage, wie charaterverwüstend die Partei gewirkt hatte. Am Abend des Samstags vor Quasimodogeniti kam der Pfarrer von Bechhofen und behauptete, am andern Tag könne kein Gottesdienst gehalten werden. Er habe an den letzten Sonntagen in B. und Sachsbach die Gottesdienste und der Tieffliegergefahr in die ersten Frühstunden gelegt. Aber morgen sei auch das nicht mehr ratsam. Die Amis stünden schon bei Schnelldorf, in der Nähe von Ober-Ampfrach, nicht weit von Feuchtwangen. Die Ortsgruppenleiter unserer Gegend hätten, wie er bestimmt erfahren habe, schon Befehl zu „türmen". Und die Bürgermeister seien schon seit Mittag beschäftigt, die Akten zu verbrennen. Für den Sonntag früh sei das Einrücken der feindlichen Panzer in K. und B. zu erwarten. Wir ließen uns durch die aufregenden „Nachrichten" nicht aus

der Fassung bringen. Ich erklärte dem Kollegen, daß ich
nicht daran dächte, auf Gerüchte hin, solange nicht bestimmte Tatsachen dazu zwängen, den Gottesdienst ein-
zustellen. Die Abendandacht, die wir nach 1. Kor. 15, 57
lasen, gab uns allen auch eine große innere Kraft und
Freudigkeit. Der Gottesdienst am andern Tag fand zur
gewohnten Stunde um 9 Uhr statt. Nachmittags um 2 Uhr
war Abendmahl und abends um 5 Uhr eine Beerdigung.
Und durch Gottes gnädigen Schutz konnte alles ohne
Schaden zu Ende gebracht werden. Freilich ließen die Ver-
hältnisse nun doch als geraten erscheinen, den Gottesdienst auf früh 7 ½ und die Gedächtnisgottesdienste für
Gefallene, deren 2 in diesen Tagen anfielen, auf abends 6
Uhr zu verlegen. Ein düsteres Kriegsanzeichen war, daß
auf einmal das elektrische Licht ausfiel. Es ist nicht bekannt geworden, ob das durch deutsche oder feindliche
Hand veranlaßt war. Die Abende waren nun ohne Licht.
Aber die Tage waren ja jetzt schon länger. In der Nacht
behalf man sich, solange man es noch konnte, mit Kerzen-

stummel. Das Ganze war keine besondere Not. Aber sie legte sich doch wie eine bange Vorahnung der dunklen Zeiten, die nach dem Ende des verlorenen Krieges kommen mußten, auf das Herz.

So ging die Zeit langsam und doch schnell dahin. Jeder Tag brachte neue Botschaften und neue Gerüchte von Kämpfen, Tieffliegern und Bombardierungen, ohne daß man die Richtigkeit oder Unrichtigkeit feststellen konnte, da die Verbindung mit den Nachbarorten abgerissen war und die Bürgermeister in der bedrängten Lage nicht daran dachten, sich durch einen Stafettendienst gegenseitig zu unterrichten und auf dem Laufenden zu halten. Königshofen lag in dieser Zeit wie in der Mitte eines Spinnennetzes, aber ohne die Möglichkeit, zu erfahren, was ihm etwa drohte. Was in Dinkelsbühl war oder in Rothenburg, Feuchtwangen, Wassertrüdingen, Gunzenhausen, Ansbach, war uns gänzlich unbekannt, obwohl jeder dieser Orte nur etwa 20 km von hier entfernt ist. Nur wenn - was freilich selten genug geschah – jemand zu Fuß oder per

Rad von Nürnberg oder Ansbach zu uns herauskam, erfuhr man Einiges, was als zuverlässig gelten möchte.

In der Woche von Misericorias Domini auf Jubilate, vom 15. bis 22. April, spitzte sich die Lage in K. aufs Äußerste zu. Wir hatten anfangs als Einquartierung nur eine „Genesungskompanie" gehabt, die im langen Fußmarsch von der Eifel über den Spessart hierher gekommen war. Jetzt aber wurden diese Leute abgeschoben und an ihre Stelle traten anfangs der Woche Kampftruppen. Zuerst erschienen Nebelmeister, die aber keine Munition mehr hatten. Sie hatten sie nach ihrer Aussage im Kampf um Crailsheim verschossen. Dann kam Artillerie und Infanterie. Es war ein ewiges Kommen und Gehen, ein Zeichen, daß die Führung nervös oder ratlos war. Die Truppen wurden ständig hin und her geschoben, ohne daß der Außenstehende den Sinn dieser Bewegungen durchschauen konnte. Bald ging es in der Richtung nach Dinkelsbühl, bald wieder von dort zurück und über Arberg weiter. In der Nacht war keine Ruhe mehr. LKWs und Panzer sausten die ganze Nacht hindurch durch unser Dorf. In dem Hof von Löhe, neben dem Pfarrhof, wo eine besonders große Scheune ist, wurden bei Tag und Nacht Autos untergestellt, entladen, wieder beladen, und der Lärm hörte nicht mehr auf. Besonders aufreizend war es, wenn in der Nacht in das Getöse im Nachbarhof die Motoren eines feindlichen Aufklärers hineindröhnten und der Feind oft eine ganze Viertelstunde lang über dem Dorf kreiste, um hinter die möglichen Truppenverschiebungen der Deutschen zu kommen. Dann hieß es plötzlich drüben: „Licht aus!" Aber man wußte nie, ob das Licht, das im letzten Augenblick ausgelöscht worden war, nicht schon bemerkt worden war. Man lag im Bett und fragte sich immer wieder, ob nicht im nächsten Augenblick, wie damals in Ansbach, ein schwerer Brocken heruntersausen und das, was einem geblieben war, auch noch in Trümmer schlagen würde.

10 – 12 Tage vorher hatte die Partei noch einen letzten Versuch gemacht, die immer deutlicher absinkende Stim-

mung im Volk noch einmal abzufangen und hochzureißen. Kreisleiter Ittameyer von Wassertrüdingen – den die Amis später erst über ½ Jahr nach Kriegsende aufspürten, er war so wie die meisten anderen Parteiführer geflohen. Er hatte sich irgendwie versteckt gehalten – schrieb damals noch eine Parteiversammlung nach Bechhofen aus. Zu dieser Versammlung erschien auch jetzt noch, es ist kaum zu fassen, die größte Mehrzahl der Pflichtigen. Man hatte auch jetzt noch nicht den Mut, durch Fernbleiben zu protestieren, obwohl dazu gar nichts gehört hätte. So hatte die Partei, die den Kampf und den Mannesmut als ihr höchstes Ideal ausgab, die Nacken gebeugt und das Rückgrat gebrochen. Der Kreisleiter vertrat, wie mir berichtet wurde, energisch die offizielle Parole „Sieg oder Untergang". Wir sind verloren, wenn wir nicht auch das Allerletzte einsetzen. Und wenn wir untergehen, haben wir es nicht anders verdient. Aber er spürte wohl, daß er die Männer, die brav und gehorsam auch in dieser Stunde noch auf sein Wort gekommen waren, doch nicht mehr fest in der Hand hatte.

Man kann Menschen, die man zu Sklaven gemacht hat, dazu bringen, daß sie schweigen. Aber man kann sie nicht zwingen, so zu denken, wie man möchte, daß sie denken und fühlen. „Die Gedanken sind frei. Wer kann sie erjagen?" Das war auch jetzt, wie die ganzen 12 Jahre des Nationalsozialismus hindurch, die eigentliche Nationalhymne des 3. Reiches. In der wüstesten Weise schimpfte Ittameyer auf die Soldaten, die durch ihren „Defaitismus" ihre Quartiergeber ansteckten und drohte, diese „Schweine" aufzuhängen. Der Erfolg dieser Versammlung war nur ein lauter Zorn bei den Soldaten, die sich von einem Mann, der nicht oder nur kurz an der Front gewesen war, nach oft 6 Jahren Kriegsdienst so heruntermachen lassen mußten und eine stille Wut über die Partei und den Parteigenossen. Man empörte sich darüber, daß die Bonzen auf Kosten des Volkes ihre Macht und ihr Leben zu verlängern suchten. Denn anders konnte man das sture Festhalten an dem ganz und gar aussichtslos gewordenen Kampf nicht mehr verstehen.

Die schwersten Tage der letzten Kriegswoche waren der 19. – 21. April, der Donnerstag, Freitag und Samstag vor Jubilate. In der Nacht zum Donnerstag hatte schwere 8,8- Flak im Dorf aufgeprotzt. Als die Leute aufwachten, waren am Dorfrand mehrere Geschütze dicht neben den Bauernhäusern aufgestellt. Und den ganzen Tag über beschoß die Flak in gemessenen Zeitabständen und jedes Mal in einer Folge von 5 -6 Schuß von K. auf den bei Großenried, kaum 14 km von hier, stehenden Amerikaner. An diesem Tag verloren die Königshöfer auch die letzte Hoffnung. Wenn man mich traf und sprach – und man war den ganzen Tag fast unterwegs und das Dorf lief durcheinander wie ein aufgestörter Ameisenhaufen –: jeder war überzeugt, daß es nun zum Kampf um K. kommen und daß dabei unsere alte schöne Kirche und ein großer Teil des Dorfes in Trümmer geschossen werden würden. Man hatte ja Beispiele genug, wie Orte, die Widerstand geleistet hatten, von den Amerikanern dafür gestraft worden waren. So hatte es Crailsheim erfahren, so Gollhofen, Herrnbrechtheim und Merkendorf. Die Soldaten, die von Crailsheim hierhergekommen waren, erzählten schaurige Dinge von dem Schicksal das die Zivilbevölkerung dort erlitten hatte. Das Schlimmste war in dieser Lage, daß es keine Zufluchtsstätten gab, in denen man sich bei einer Beschießung durch feindliche Artillerie bergen konnte. Man hatte versäumt, solange es Zeit war, draußen an einem Abhang, im toten Winkel gegen die Geschütze, Stollen zu graben, man hatte dafür lieber Panzersperren gebaut. Die Keller im Dorf boten keinen Schutz. Sie waren nicht tief genug unter der Erde und hatten durchweg nur leichte Decken. Sie hielten höchstens eine kleine Granate ab. Bei größeren Granaten oder Fliegerbomben stürzten sie unfehlbar zusammen. Das wußten die Leute und das weckte in ihnen das Gefühl, wehrlos unserm harten Schicksal ausgeliefert zu sein. Mit diesem Gefühl der Wehrlosigkeit aber verband sich ein großer Zorn. Warum sollten wir für eine ganz hoffnungslose Sache Haus und Hof und Leib und Leben hingeben? Diese Frage stand ausgesprochen oder unausgesprochen hinter allem, was man hörte, Auch für das Pfarrhaus blieb es eine große, nicht lösbare Frage, wo man im Ernstfall Schutz suche sollte. Die Keller im Pfarrhaus waren solide gebaut und mit Eisenschienen überdeckt. Aber sie waren nicht gewölbt und die Decke war nicht abgestützt. Nach unseren Erfahrungen der Verschüttung in Ansbach konnten sie einen schweren Einschlag nicht aushalten. Außerdem war es für Menschen, die schon einmal ein Haus über sich zusammenbrechen sahen, eine niederdrückende Vorstellung unter einem viel größeren und wuchtigeren Haus, auf das unter Umständen auch noch ein Teil der dicht daneben stehenden mächtigen Kirche fiel, zum zweiten Mal begraben zu werden. Die Flieger flogen an diesem Tag in solcher Zahl, daß der Gedanke, sie könnten in den Kampf auch hier eingreifen, sich nicht ganz abweisen ließ. Um die Mittagsstunde gab es plötzlich ein Aufatmen. Der Bürgermeister Engelhard ging in Volkssturmuniform durchs Dorf und gab bekannt, Wehrmacht und Volkssturm seien miteinander übereingekommen, daß

Bechhofen und Königshofen nicht verteidigt werden sollten. Als Zeichen dieses Entschlusses sollte im Kirchturm oben die weiße Fahne ausgesteckt werden. Ich war gerade im Grasgarten und arbeitete an meiner Predigt. Da sah ich, daß Leute auf dem Turm waren und erfuhr dann durch meine Frau, was beabsichtigt war. Da die Fahne auf Geheiß des Bürgermeisters und der Vertreter der Staatsgewalt ausgehängt werden sollte, hatte ich als Pfarrer keinen Grund, Einspruch zu erheben. Ich konnte es nur begrüßen, wenn der Kirche und dem Dorf das Verhängnis einer sinnlosen Zerstörung erspart blieb. Wer weiß aber, was geschehen wäre, wenn Königshofen tatsächlich die weiße Fahne gezeigt hätte, solange noch Wehrmacht da war. Am Abend sagten uns die Leute der Flak, daß sie Befehl hätten, das Feuer gegen jedes Dorf zu eröffnen, welches das Zeichen des aufgegebenen Widerstandes gegen den Feind sehen läßt. Das sei die Strafe für die „Feind-Begünstigung". So war es wohl ein Glück für K., daß das Hissen der weißen Fahne am Kirchturm schließlich unterblieb. Worauf das zurückzuführen ist, ist nicht bekannt geworden. Vermutlich hat der Bürgermeister Angst vor seinem Mut bekommen. Vielleicht hat ihm auch, wie dem Pfarrer, die noch im Dorf anwesende SS gedroht. In der Bevölkerung aber gab es, als die Fahnenhissung unterblieb, einen schweren Stimmungsrückschlag. So sehr die Augen geleuchtet hatten, als es hieß, es gäbe keinen Kampf um K., ebenso sehr verdüsterten sie sich jetzt wieder. So ging der Nachmittag in schwerer Spannung und Erwartung hin. Da hieß es auf einmal; die Flak rückt ab! Wir eilten hinaus, zum Hof von Muser, an die Straße nach Waizendorf, wo das eine der Geschütze stand. Die Soldaten wussten noch nichts. Aber dann kamen LKW gefahren. Und zuletzt wurden auch die Geschütze abgebaut. Und als gerade die Sonne im Westen versank, fuhren die schweren Kanonen zum Dorf hinaus. Wir sahen ihnen mit widerspruchsvollen Gefühlen nach. Man war traurig, dass man deutsche Wehrmacht gern scheiden sah. Und man konnte sich doch nicht der Freude erwehren, daß sie gingen, weil man jetzt vielleicht doch noch hoffen durfte, daß das Dorf stehen blieb. So seltsam standen die Dinge. Nach der Aufregung des Donnerstag war der Freitag ein stiller, schöner Tag. Es war untertags sehr warm. Die Sonne schien von einem blauen, wolkenlosen Himmel. Und merkwürdigerweise rührten sich weder die deutschen noch die amerikanischen Waffen. Bis zum Abend fiel kein Schuß. Und auch die Flieger blieben aus. Es war, als hätte sich der Krieg in die Ferne verzogen. Ich saß stundenlang im Garten auf der Bank unter dem Weidenbaum und dachte in tiefer Dankbarkeit daran, daß das Verhängnis an uns vorübergegangen war. Gegen Abend sah ich draußen Leute in der Richtung auf die Weihermühle zulaufen. Man hörte auch bald, was los war. Jetzt begann bereits die kopflose Zerstörung, die in den letzten Kriegstagen dann immer weiter um sich griff und die so viel unersetzliches Gut vernichtet hat. In der Nähe der Weihermühle, in einer Mulde im Wald wurden Wagen voll Segeltuchtaschen, die für irgendeinen Kriegszweck angefertigt worden waren und die man irgendwie bei uns aufgestapelt hatte, verbrannt, damit sie nicht dem Feind in die Händen fielen. Zum Glück erfuhr die Bevölkerung rechtzeitig davon und holte sich die Taschen heim. Es gab auch wundervolle Regenhäute. Aus den Taschen machten sich die Leute Rucksäcke, Hosen für die Buben und noch mehr anderes. Die Regenhäute gaben praktische Mäntel und Capes. Bei Sachsbach, hörte man, wurden ebenso einige Fuhren mit bis an den Leib reichenden Gummistiefeln verbrannt, die unsere Bauern beim Fischen gut hätten gebrauchen können. Wie leicht hätte man das alles in diesen Tagen noch verteilen und so erhalten können!

Nach einer ruhigen Nacht, in der man seit Tagen zum ersten Male wieder hatte schlafen können, während man sonst immer nur angezogen auf dem Bette gelegen hatte, brach der Samstag an. Aber kaum war man erwacht, so ging ein neuer Schrecken durch das Dorf. Denn über Nacht war K. von Neuem durch deutsches Militär besetzt worden. Infanterie, SS und Feldpolizei waren da. Von den

Soldaten hörte man, daß K. bis zum Äußersten verteidigt werden sollte. Und gleichzeitig erfuhren wir, daß die am Donnerstag abgezogene Flak draußen im Wald stand und von dort aus schoß. Am Tage vorher, gegen Abend, hatte ein kleines Kommando den Kirchturm besetzt, eine Funkstation eingebaut und den Feind von dort oben aus beobachtet. Jetzt leiteten sie von dort aus das Feuer der Flak, die wieder in regelmäßigen Zeitabständen den Feind beschoß. Rings um das Dorf legte die Infanterie Maschinengewehrnester und die Brücken in der Runde wurden unterminiert. Auch auf den Zufahrtsstraßen wurden überall Minen ausgelegt. Man hörte den ganzen Tag über die dumpfen Abschüsse der Flak, denen das Rauschen der durch die Luft fliegenden Granaten folgte und von Zeit zu Zeit den schweren Schlag von Sprengungen. Schon am Morgen war man durch eine Sprengung geweckt worden. Das Militär hatte die Wiesethbrücke bei Bechhofen in die Luft gesprengt. Dann folgten die Brücke bei der Weihermühle, die Brücke an der Straße nach Wieseth und Burk und anderwärts. Diese Sprengungen waren genau so sinn-los wie die Panzersperren. Denn die feindlichen Panzer fuhren, wie sich später zeigte, eben außen herum und wurden keine Stunde aufgehalten. Die Bevölkerung hatte dann aber hinterher wochenlang zu schaffen, um die Brü-cken wiederherzustellen und den Verkehr auf den Straßen wieder zu ermöglichen. In K. wurde dazu auf Befehl der Amis von jedem Haus ein Mann aufgerufen.

An diesem Samstag gaben auch die Letzten jede Hoffnung auf. Man richtete sich innerlich auf Kampf und Tod ein. Das Wertvollste, das man hatte, hatte man schon seit Tagen im Keller geborgen oder heimlich vergraben. Sonst konnte man nichts tun als das Dorf und sich selbst in Gottes Hand befehlen. In dieser schweren Stimmung ging der Tag unsagbar langsam dahin. Am Abend legte man sich wieder mit den Kleidern auf das Bett. Es war möglich, daß man mitten in der Nacht aufstehen mußte, weil der Kampf ausbrach. Was aus dem Jubilate-Gottesdienst wer-den sollte, war nicht abzusehen. Man hoffte freilich die

Amis würden K. umfahren, statt hier anzugreifen. Denn so ist der Mensch und in diesem Krieg blieb einem ja oft gar kein anderer Trost: er hofft, daß ein Unglück, das er kommen sieht, ihn nicht trifft, wobei er freilich weiß, daß es dann eben, weil es im Gang ist, einen anderen treffen muß. Aber man hatte Beispiele und man erzählte sie gern einander, Beispiele dafür, daß die Amis Stellungen der Deutschen einfach umgangen hatten und die Deutschen dadurch nötigten, diese Stellungen aufzugeben, weil sie sonst Gefahr liefen, in einem „Kessel" oder „Sack" stecken zu bleiben. So scheint es schließlich auch hier wirklich gewesen zu sein.

So kam der Sonntagmorgen. Man horchte – aber es blieb alles still. Man schaute zum Fenster hinaus. Aber es war nichts zu sehen. Schließich stand man auf und fragte die Nachbarn. Da hörte man und das Herz schlug einem heftig in der Burst: die Besatzung von K. war mitten in der Nacht abmarschiert. Der Abmarsch war nach Süden hin, gegen den Hesselberg erfolgt. Vermutlich war erzwungen durch die Gefahr, von den Feinden umzingelt zu werden. Ob der Abmarsch, wie der Pfarrherr von Bechhofen wissen wollte, beschleunigt wurde durch die Meldung: „Panzerspitzen südlich, nördlich, westlich von Sachsbach", die drei bei strömenden Regen ausgeschickte Patroullien aus Ärger darüber, daß ihr Oberleutnant im warmen und trockenen Zimmer blieb, während sie in die Nacht und in den Regen hinaus mußten, auf Verabredung zurückbrachten und die der Oberleutnant sofort weitergab, sei dahingestellt. Wir wußten jedenfalls: für K. ist der Krieg zu Ende. Wir wußten, daß jetzt andere für uns leiden mußten. Und das hat uns tief gedemütigt. Und doch brach aus den Herzen ein heißer Dank, der sich nicht unterdrücken ließ. Man war froh, daß der Alpdruck, der so lange auf der Seele gelegen hatte und der immer drückender und immer schwerer geworden war, weggenommen war und daß man endlich wieder frei atmen konnte. Und man sah die Kirche und man sah die Häuser an, wie wenn sie neu geschenkt worden wären. Man war nicht ganz sicher, ob die Gefahr nicht noch einmal zurückkehrte. Aber dieser Gedanke ging unter in dem alles beherrschenden Gefühl des Dankes und der Freude. Jetzt konnte die Gemeinde ein Jubilate singen, wie sie es vielleicht noch nie gesungen hatte. Und mit tief bewegtem Herzen folgte sie dem Ruf der Glocken, die sie ins Haus Gottes riefen und Gebet und Predigt und Lied fanden in den Herzen einen tiefen und freudigen Widerhall.

Der Tag brachte dann leider noch ein sehr trauriges Nachspiel. Das Militär war abgezogen, ohne die von ihm geschaffenen Anlagen zu entfernen. Die Funker auf dem Kirchturm hatten sich nicht die Mühe gemacht, den Draht abzuschneiden, der den Turm mit dem Funkgerät in Löhes Hof verbunden hatte. Verhängnisvoller war, daß das Militär den Bürgermeister nicht von den Orten, wo Minen ausgelegt waren, verständigt hatte. Noch in der Nacht trat ein Pionier kurz vorm Abmarsch auf eine Mine, wurde zerrissen und in Stücken in einen der Gärten am Weg nach Bechhofen geschleudert. Es war ein Katholik aus dem

Oberdonaugebiet. Der Pfarrer von Arberg beerdigte ihn noch am Sonntagabend auf unserem Friedhof und die evangelische Gemeinde, die gerade zu einem Gedächtnisgottesdienst für einen unserer Gefallenen im Gotteshaus gewesen war, nahm auf Bitten ihres Pfarrers an der Beerdigung des katholischen Soldaten teil. Der Mann liegt zwischen zwei Kriegsopfern von hier im Grab. Kurz vor dem Gedächtnisgottesdienst hatten die nicht entschärften Minen ein zweites Opfer gefordert. An der Straße nach Waizendorf wurde ein Mann aus Ehingen, der nach Herrieden zu seiner kranken Frau wollte, von den Minen zerrissen. In Kaierberg, so wurde erzählt, wurde in gleicher Weise eine Frau, die Mutter von 6 Kindern, getötet. Diese Todesfälle riefen großen Zorn gegen das deutsche Militär wach. Man verstand nicht, daß Deutsche durch Leichtsinn oder Sturheit Deutschen den Tod brachten. Daß diese Minen dem Feind nur wenig schaden konnten lag auf der Hand. Aber man fragte sich mit Bangen, was wohl geschehen wäre, wenn ein Panzer oder ein Mann der Amis auf eine Mine gelaufen wäre. Wer weiß, was da die Bevölkerung, die nichts dafür konnte, dafür hätte leiden müssen! Verschärft wurde der Zorn gegen das Heer durch die Erzählung von Äußerungen, die einquartierte, auch jetzt noch der Propaganda des NS hörigen Soldaten gemacht hatten: Sie betrachteten es als eine Sache ihrer militärischen Ehre, solange sie Waffen und Munition hätten zu kämpfen, ganz gleich, ob der Kampf aussichtslos sei. Und warum sollte es K. besser haben als andere Orte? Die Heimat von vielen von ihnen sei zerstört. Es sei ganz recht, wenn jetzt auch die Bauern von K. erführen, was der Krieg bedeutet. Dem deutschen Militär, das hier durchzog oder im Quartier lag, war, von wenigen abgesehen, ein müder, abgekämpfter Haufen, der keine Hoffnung mehr hatte und resigniert, aber in ungebrochenem Gehorsam tat, was ihm befohlen wurde. Nur hier und da traf man einen – meist waren es die ganz Jungen – der noch an eine Wendung zum Besseren glaubte. So erzählten mir zwei blutjunge Soldaten, die bei Nachbar Messerer lagen, am Geburtstag des Führers, am 20. April, würden ganz neue Waffen von uns in den Kampf gebracht. Dann würde bei Ingolstadt eine neue Front aufgerichtet. Und dann würde der Feind aus Deutschland wieder hinausgetrieben. Die Besten dachten wie der Offizier, der mir sagte: „Man tut seine Pflicht und ist froh, daß man jeden Tag genau zu tun hat. Im Übrigen bemüht man sich, nicht weiter zu denken." Die Mehrzahl der Soldaten aber sprach unverhohlen aus, daß der Krieg nicht mehr zu gewinnen sei. Das war auch kein Wunder! Was hatte dieses Heer seit 2 ½ Jahren für endlose und furchtbare Rückschläge erlebt! Und wie tapfer hatte es sich trotzdem geschlagen! Es ist wohl einzig in der Kriegsgeschichte und nur mit der magischen Kraft zu erklären, die der „Führer" über die Herzen und den Verstand der Menschen hatte und die es bis zuletzt verhinderte, daß das Heer die Nichtigkeit dieses „größten Feldherrn aller Zeiten" erkannte – es ist einzigartig, daß ein Heer 2 ½ Jahre immer wieder geschlagen wird, sich unter größten Opfern zurückzieht oder vom Feinde lösen muß, mit immer schwächer werdenden Kräften und immer geringer werdenden Waffen kämpft und sich doch nicht auflöst und die Manneszucht nicht verliert. Aber in diesen letzten Wochen gingen doch den meisten die Augen auf, daß sie sahen, wohin wir trieben und welch eine Verblendung es war, den Kampf weiterzuführen. Freilich waren viele, die, unter dem Einfluß der NS-Propaganda, der tagtäglich ihre Herzen und Köpfe vernebelte, die Schuld nicht bei dem Führer suchten sondern bei allen möglichen hohen militärischen Stellen, die die Pläne und Gedanken Hitlers „sabotierten". Diese Idee spukt auch jetzt noch in den Köpfen vieler, die aus der Kriegsgefangenschaft zurückkehren, und ist nicht auszurotten. Was wissen die Leute an Beweismaterial dafür zu nennen! Jeder weiß Dutzende von Fällen, die nur als Sabotage der Kriegsführung zu deuten sind. Aber wie wenige lassen sich klar machen, daß diese Sabotage, wenn sie wahr wäre, nur Anklage gegen den Führer ist. Denn wie konnte er, der sonst so rücksichtslos war, offenkundig Sabotage in der Armee dulden? Und welch ein

Zeugnis wäre das gegen die Arbeit der SS und Gestapo, die in allem ihre Hände hatten und das nicht merkten! Die NS-Propaganda ist so tief gegangen, daß viele nicht merken, wie stark sie immer noch unter der Macht derselben stehen. Daß das Ende da war, das konnte freilich auch die stärkste Propaganda dem deutschen Soldaten nicht mehr vernebeln. Jeder Tag zeigte ihm ja mit erschreckender Deutlichkeit die Übermacht des Feindes und die Überfälle an Waffen und Material, über die er gebot, und auf unserer Seite die jammervolle Unterlegenheit und den immer unheimlicher werdenden Mangel an Waffen, Material und Menschen. Wie sollte eine Truppe im Glauben an den Sieg kämpfen, wenn ihr seit Monaten die Zahl der Schüsse, die sie abgeben durfte, vorgeschrieben wurde! Als ob der Feind mit solchen törichten Rechenkünsten geschlagen werden konnte! Was hatten wir noch einzusetzen gegen die Bomber, die zu Tausenden ohne jeden Luftwiderstand der Deutschen unser Land verheerten? Und was hatten wir einzusetzen gegen die feindlichen Panzer, die zu 100 und aber 100 angebraust kamen? Was bedeuteten dagegen die paar erstklassigen eigenen Panzer, die „Tiger" u. a. oder die viel gerühmten Nebelwerfer, Panzerfäuste, die viel zu wenig waren und teils versagten? Die Nebelwerfer, die hier durchkamen, hatten, wie sie uns erzählten, mit ihren Waffen entscheidend dazu beigetragen, Crailsheim zurückzuerobern. Aber Crailsheim ging wieder verloren und die Nebelwerfer mußten beim Rückzug ihre Geschütze zerschlagen, weil keine Munition mehr da war! Und wie oft und an wie vielen Orten hat sich das genauso zugetragen. Das alles aber mußte notwendig den Glauben der Leute erschüttern. Die Soldaten berichteten teils mit Wut, teils mit müder Resignation von diesen Dingen. Sie erzählten auch von dem Terror, mit dem das versinkende Regime den Untergang hinauszuschieben dachte. Der Kommandeur von Königsberg, der die Stadt wochenlang tapfer verteidigt hatte und der dafür ausgezeichnet worden war, wurde, als er schließlich die Stadt übergab, weil nichts anderes mehr übrig bleib, zum Tode verurteilt und es wurde im Rundfunk und in den Zeitungen bekannt gegeben, daß auch seine Sippe ausgerottet würde. Aber das waren Taten verzweifelten Terrors, die nicht mehr verfingen. Die Sprache der Tatsachen war in diesem letzten Stadium des Krieges lauter, eindringlicher und stärker als die Sprache des Propagandaministeriums und auch als die Sprache des Terrors. Alle diese Maßnahmen richteten nur eine tiefe Empörung bei dem wehrlosen und maßlos gequälten Volk an und dienten nur dazu, daß der Wunsch nach dem Verschwinden dieses grauenvollen Systems immer heißer wurde in den Herzen. Im Heer aber, zu dem jetzt auch der bunte Haufen des Volkssturms gestoßen wurde, kam allmählich die Stimmung des „Sauve qui peut!" (Rette sich wer kann!) auf. Die Hitlerjugend waren vielfach die ersten, die ihre Volkssturm-Uniform wegwarfen, den Stahlhelm irgendwo am Rain liegen ließen und sich von den Bauern Zivilkleider geben ließen, um sich dann auf den Weg nach Hause zu machen. Was sollte man auch von diesen 16-17 jährigen Burschen anderes erwarten? Nur Narren hatten sich – den Erfahrungen des Weltkrieges und des Jahren 1918 zum Trotz! – einbilden können, daß die Jugend eine Sache retten könnte, die Männer hatten verlieren müssen. Aber auch von den älteren Soldaten folgten nicht wenige diesem Beispiel. Sie verwandelten sich in Zivilisten und „hauten ab". Im Großen und Ganzen war das aber erst der Fall, als die Amerikaner einmarschiert waren.

Der Sonntag Jubilate und die beiden nächsten Tage waren Tage völliger Ruhe, Königshofen lag wie außer der Welt. Aber so schön das war nach der Aufregung der letzten Tage, es wirkte fast unheimlich. Kein Flieger mehr, keine Explosion, kein Schuß! Man konnte es fast nicht glauben. Mit Hilfe des Mannes der Hebamme Binz von Burk wurden die Minen an den Ausgangsstraßen des Dorfes entschärft und beseitigt. Der Straßenwärter brachte die aufgegrabenen Wege wieder in Ordnung. Die Bauern aber fuhren auf die Felder und Wiesen und holten mit erleichtertem Herzen nach, was von der Frühjahrsarbeit liegen geblieben war. Am Dienstagabend stießen ganz überraschend vier schwer bewaffnete Panzer der Ami in unser Dorf vor, um zu rekognoszieren. Wie man später erfuhr, waren sie von Bechhofen über Waizendorf, Wieseth und Burk gefahren. Daher kamen sie von Westen, nicht, wie alles erwartet hatte, von Osten her. Sie fuhren kurz durch das Dorf und verschwanden dann wieder. Am Mittwochabend wurde ausgeschellt, daß alle Waffen, einschließlich der Jagdgewehre, abzuliefern seien und daß jedes Haus eine weiße Fahne als Zeichen loyaler Friedfertigkeit auszuhängen habe. Donnerstagmittag tauchten dann die Panzer wieder auf. Und kurz darauf wurde das ganze Dorf in den Hof des Bürgermeisters Engelhard befohlen. Dort standen die vier Panzer, jeder mit dem großen, im Ring befindlichen weißen Stern. Jeder Panzer hatte 1 Kanone und 1 SMG, Radio und eine Funkvorrichtung für Empfang und Sendung. Die Amerikaner sahen gut aus. Man merkte ihnen weder Not noch Strapazen an. Unter den Gesichtern aber war kaum eines, das einem gefiel. Während die Panzer im Dorf waren, kreisten Flieger in der Luft. Die

Amerikaner hatten mit Hilfe eines Polen, der Deutsch-Englisch konnte, den Bürgermeister verständigt von dem, was er uns in ihrem Auftrag sagen sollte. Jede, auch die kleinste Waffe, sei abzuliefern, desgleichen auch Photoapparate. Von den Radios, die anderwärts den Leuten abgenommen wurden, war hier nicht die Rede. Es wäre aber interessant festzustellen, ob die Wegnahme der Photos von der Heeresleitung befohlen oder bloß von den örtlichen militärischen Stellen „organisiert" war. Für jeden Widerstand wurde strengste Strafe angedroht. Die Ausgehzeit wurde auf den Tag begrenzt, nach 8 Uhr, später nach 10 ½ Uhr war Sperrzeit. Nach dieser Stunde durften nur noch Ärzte, Hebammen oder Pfarrer die dienstlich jemanden zu besuchen hatten, mit einem vorher zu erholenden Erlaubnisschein des Bürgermeisters die Straße betreten. Jeder andere hatte zu gewärtigen, daß er 1 oder ein paar Tage Arrest bekam.

So war unser Dorf unter amerikanische Herrschaft gekommen. Sie machte sich anfangs nur bemerkbar durch die vielen Militärautos, die in dem amerikanischen Heer eigenen Tempo durchfuhren und hohe Staubwolken aufwirbelten. Sie kümmerten sich wenig um die Parole, die sie später an allen Straßen anschlugen: „Death is so permanent. Drive slowly!" (Tod lauert überall. Fahre langsam!). An einem der ersten Tage hielten sie eine Zeitlang vor dem Gasthof Stern und vergnügten sich damit, die Tauben von den Dächern zu schießen. Solche Dinge kamen auch später noch vor. Im Sommer badeten die Amis gern im Rottnersdorfer Weiher. Sie fingen, zur Wut des Müllers, der als Besitzer mit in der Tasche geballten Faust zusehen mußte, tagelang die schönsten Fische aus dem Teiche, und warfen sie dann mit Herrengeste der halbwüchsigen weiblichen Jugend zu, die ihnen als Gefolge nachzog. Leider waren bei dieser die Moral- und Ehrbegriffe so ins Wanken geraten, daß sie diese „Beute" eifrig annahmen und nach Haus trugen. Und die Eltern sahen dem gelassen zu.

Königshofen hatte nur etwa 6 Wochen lang und erst von Juni ab eine kleine Besatzung. Sie war im Schulhaus einquartiert. In den beiden Wirtschaften wurde für sie gekocht. Es war eine Kolonne, die Autos reparierte. Ein Teil der Chargen wurden in Privatquartieren untergebracht. Die Leute waren Belgier. Sie wollten im Pfarrhaus, das schon von 3 Familien besetzt war, für den Kommandanten das Amtszimmer als Büro beschlagnahmen. Sie standen erst davon ab, als ich ihnen das ganze Haus gezeigt und sie darauf aufmerksam gemacht hatte, daß Pfarrhäuser nach dem Willen der amerikanischen Militärregierung nicht besetzt sein sollten. Die Verständigung war nicht sehr leicht, da sie kein Deutsch kannten und mein Französisch etwas alt und verstaubt war. Die Belgier haben sich hier im Ganzen anständig benommen. Sie machten keine besonderen Anstalten, an die Weiblichkeit heranzukommen und unsere Mädchen und Frauen hielten Distanz. Die Belgier fanden nur in dem Haus Kraft Verkehr, bei der Hausfrau, die Französisch spricht, und einem dort wohnendem Evakuierten. Beide rechtfertigten den Verkehr mit dem Wunsch der Belgier nach Familienanschluß und mit ihrem Wunsch, ihre Sprachkenntnisse wieder aufzufrischen. In Bechhofen lag längere Zeit eine große Besatzung von etwa 100 Mann. Dort haben sich rasch eine Anzahl Mädchen und Frauen den Amis an den Hals geworfen. Der Berichterstatter kam mit den Amis in B. nur einmal in Berührung. Am 21. Juli sollte hier der Altsitzer Zippel von Röttenbach beerdigt werden. In der Frühe des Tages war – wie es hieß, wegen der Flucht von SS-Leuten aus den Lagern – eine allgemeine Kontrolle. Wer nicht einen Ausweis bei sich hatte, wurde festgenommen und nah dem Hesselberg geschafft. Der Sohn des Verstorbenen wollte früh auf die Wiese gehen, die nicht weit von seinem Hofe liegt, um Futter zu mähen. Bei der kurzen Entfernung hatte er nicht daran gedacht, einen Ausweis mitzunehmen. Wenige Meter von seinem Hofe wurde er verhaftet und allen Vorstellungen zum Trotz fortgeführt. Wohin er gebracht wurde, konnten seine Angehörigen nicht feststellen. Ich ging deshalb nach Bechhofen, um mit Hilfe des dortigen Militärs den jungen Zippel für die Beerdigung seines Vaters freizukriegen. Die Bemühungen waren vergeblich, da den Amis eine Verwechslung unterlief und sie sich um die Freilassung eines Falschen bemühten. Die Beerdigung konnte aber doch noch am gleichen Tag abends 5 Uhr gehalten werden, da Zippel jun. am Hesselberg freigegeben worden war, aber dann allerdings den weiten Weg nach Hause zu Fuß hatte gehen müssen. Er kam gerade noch so heim, daß wir seinen Vater in seiner Gegenwart zu Grab bringen konnten.

Der Bürgermeister Engelhard war zu aller Verwunderung in seinem Amt bestätigt worden. Das Dorf wußte, daß er ein ausgesprochener „Nazi" gewesen war. Er war deshalb auch aus dem Kirchenvorstand ausgetreten und hatte sich nicht selten in Reden an der Kirche gerieben. Trotzdem konnte er noch wochenlang unter den Amis amtieren. Dann aber scheinen die Denunzianten im Dorf, von denen der eine gern mit den Amis drohte, aber auch noch ein paar andere vorhanden waren, das Ohr der Amis in Dinkelsbühl gewonnen zu haben. Eines Tages erschien ein Kommando der CIC (Counter Intelligence Corps), der Sicherheitsdienst der amerik. Armee, aus Dinkelsbühl und verhaftete die Frau des Hauptlehrers Reuter und den Rechner der Baywa und Kirchenvorsteher Strickstrock. Bürgermeister Engelhard und Hauptlehrer Reuter waren schon einige Zeit vorher nach Dinkelsbühl vor die CIC geladen worden und von dieser festgehalten und einem Internment-Camp zugewiesen worden. Reuter kam ins Lager Moosburg, wo er fast ein Jahr festgehalten wurde. Die übrigen drei wurden ins Lager Hammelburg gebracht. Es dauerte aber Wochen, bis man ihren Aufenthaltsort erfuhr. Denn sie durften nicht schreiben und ihre Angehörigen machten sich große Sorgen um sie. Erst viel später wurde durch die Vorstellungen der evangelischen und katholischen Kirche durchgesetzt, daß den Internierten das Recht, ihren Angehörigen zu schreiben, das jedem Gefangen zusteht, endlich auch zugestanden wurde. Die drei Internierten in Hammelburg wurden nach etwa 6 Wochen wieder freigelassen. Aber wenige Wochen später wurden sie, unter sehr dramatischen Umständen, früh vor Tag aus dem Bett geholt und wieder nach Hammelburg geschafft. Und diesmal wurden sie, allen Eingaben und Vorstellungen zum Trotz, die für sie eingereicht wurden, den ganzen Herbst und Winter über festgehalten. Jetzt, Anfang Juli 1946, ist erst Strickstrock zurückgekehrt. Engelhard befindet sich im Lager Hammelburg. Frau Reuter ist vor einiger Zeit mit den anderen internierten Frauen von Hammelburg nach Ludwigsburg bei Stuttgart geschafft worden und wird dort noch immer festgehalten. Welche Qual das sowohl für die Internierten wie für ihre Angehörigen bedeutet und welche Verbitterung diese Haft, die ohne Urteil und Untersuchung verhängt wird und für die in vielen Fällen kein triftiger Grund zu ersehen ist, in den Herzen der Betroffenen erzeugt, läßt sich ohne Weiteres begreifen. Wie hart muß es empfunden werden, wenn Mann und Frau, wie bei Reuters, in Haft gesetzt werden, ohne jede

Rücksicht auf die Kinder, von denen das eine im Herbst 1945 in den Konfirmandenunterricht kam und das andere, ein Sohn, aus dem Krieg zurückkam und die beiden Eltern nicht antraf. Und wie unmenschlich mußte es wirken, daß der Vater Reuter nicht einmal erfahren durfte, daß sein Sohn, der oft in Todesgefahr gewesen war, dem Kriege glücklich entronnen war. Eine sehr schlimme Begleiterscheinung dieser Verhaftungen war, daß durch sie die bis dahin bestehende Gemeinschaft des Dorfes jäh zerrissen zu werden drohte. Der Pfarrer hat dies in einer Eingabe an der LKR eingehend geschildert.

Die Sorge um diese Gefahr und die Bitte eines Gemeindegliedes, das sich durch die Verhaftungen des CIC gefährdet fühlte, bewog mich nach Dinkelsbühl mit dem Rad zu fahren und dort gegen die ohne jede Untersuchung, einfach nach der Willkür des CIC erfolgten Verhaftungen Einspruch zu erheben. Ich sprach zuerst bei dem Landrat vor, der von den Amis eingesetzt worden war. Dieser riet mir dringend ab mit dem Colonel, der dem

CIC vorstand, zu reden. Er habe oft genug versucht, diesen eines Besseren zu belehren, aber es sei alles umsonst gewesen. Der Colonel sei ein Starrkopf, der auf keinen Rat höre und sich nur von seinem Zorn auf die Deutschen leiten lasse. Er, der Landrat, suche ihn kaum mehr auf. Außerdem hätte ich einen für mein Unternehmen besonders ungünstigen Tag gewählt: die Amerikaner feierten ihren Victory-Day, ihren Siegestag. (Davon hatte ich in dem weltfernen K. natürlich nichts gehört.) Trotzdem ging ich auf das Rathaus, das sich die Amis angeeignet hatten und das trotz des Victory-Days von einer großen Menge von Leuten erfüllt war, die Reisezertifikate haben wollten. Mit einiger Frechheit gelang es mir, einen deutschsprechenden Amerikaner zu stellen und ihm zu sagen, wer ich sei und daß ich in einer sehr ernsten Angelegenheit mit dem Leiter des CIC reden müsse. Durch ihn kam ich dann auch in eine der Amtsstuben; während er immer wieder hinausging und wieder hereinkam, konnte ich ihm kurz schildern, wie verheerend das brutale Vorgehen gegen oft von persönlichen Feinden denunzierte Menschen in den Dörfern auf die Stimmung des Volkes wirke und wie erschütternd wir ein Vorgehen empfinden müßten, das in so vielem dem über Gesetz und Urteil sichwegsetzende Verfahren des Nationalismus gleiche. Ich betonte auch immer wieder, daß ich als Diener meines Herrn nicht nur das Recht sondern auch die Pflicht habe, mich der Gemeindeglieder anzunehmen, die sich durch die Welle des „automatischen Arrests", die von der CIC in Gang gebracht worden sei, bedroht fühlten. In der Unterredung, die immer wieder unterbrochen wurde, erfuhr ich, daß der Beamte, mit dem ich zu tun hatte, evangelisch und ein Advokat aus New York sei. Plötzlich sprang die Tür auf. Herein stürzte ein Offizier, den mir der Beamte als den Colonel benannte, trat hart vor mich hin, streckte etwas theatralisch den Finger gegen mich aus und schrie mich, halb deutsch, halb englisch, an: „Sie sind schuld, daß ten millions men – hören Sie!: ten millions men – den Tod gefunden haben." Was sollte ich auf diesen plumpen und törichten Vorwurf sagen? Ich besann mich nicht lang, denn er wiederholte noch ein paar Mal sein „ten millons men" und sein „Hören Sie". Ich sagte, natürlich in Deutsch: „Denken Sie noch an die berühmten „Punkte" Ihres Präsidenten Wilson, Herr Colonel? Darin wurde uns ein Friede versprochen, bei dem es weder Sieger noch Besiegte geben sollte. Wäre dieses feierliche, vor der ganzen Welt gegebene Versprechen gehalten worden, dann hätte es keinen Frieden von Versailles gegeben. Dann wäre nie ein Mann wie Hitler zur Herrschaft gekommen. Und dann wären die 10 Millionen Tote, die Sie mir als Schuld anrechnen, heute noch am Leben, to day yet alife", wie ich in meinem Buchenglisch hinzufügte. Ich weiß nicht, wie der Beamte, der fern deutsch sprechen konnte, meine Worte dem Colonel übersetzte. Denn ich verstand aus dem breiten amerikanischen Englisch wenig mehr als einzelne Worte. Aber irgendwie beruhigte sich der Colonel und besann sich jedenfalls auf seine kriminalistische Aufgabe. Er fing nun ein regelrechtes Verhör mit mir an: „Was haben Sie für die

Leute im Konzentrationslager getan?“ Ich kam durch diese Frage nicht in Verlegenheit. Ich konnte ihm von Dachau erzählen, von den Gottesdiensten, die der LKR dort eingerichtet und von den Paketen für die Gefangenen, darunter Niemöller, die wir ins Lager gebracht hatten, so lange, bis die SS jedes weitere Betreten des Lagers auch uns verbot. Auf meine Antwort folgte wie ein zweiter Schuß die Frage: „Und was taten Sie für die Juden, die von den Nazis verfolgt wurden?“ Auch darauf brauchte ich die Antwort nicht schuldig zu bleiben. Ich erzählte, daß ich als Referent des LKR zwei Pfarrer, einen in München, einen in Nürnberg, mit der Seelsorge für die evangelischen Juden, für die wir als Kirche allein uns einsetzen konnten, beauftragt haben. Ich berichtete von deren Arbeit und daß es uns gelungen sei, immerhin einige 20 bis 30 vor der „Kristallnacht“ und vor der Verschleppung nach Auschwitz und anderen Lagern die Auswanderung zu ermöglichen. Was meine Erklärungen für einen Eindruck auf den Colonel machten, kann ich nicht sagen. Er schaute nur noch einmal mich haßerfüllt an und stürzte dann ebenso plötzlich, wie er gekommen war, wieder hinaus, wobei er sich unter der Tür noch einmal umwendete und mir zuschrie: „Ich achte das Gewand, das Sie als Pfarrer tragen. Sonst würden Sie dieses Haus nicht mehr verlassen!"

So war mein Unternehmen gescheitert. Ich hatte das, weswegen ich gekommen war, gar nicht vortragen können. Ich wiederholte es zwar nochmals dem Beamten, der mich hereingebracht hatte, aber ich konnte nicht recht erwarten, daß er nach der stürmischen Unterredung, deren Zeuge er gewesen war, versuchen würde, dem Colonel meine Anliegen noch einmal ans Herz zu legen, umso weniger, als er beim Abschied mir scharf ins Gesicht sagte: „Ich hasse die Deutschen und werde sie hassen bis ans Grab!" Und doch war der Gang zum CIC, wie sich im Lauf der nächsten Zeit herausstellte, nicht umsonst gewesen. Von da an wurde niemand mehr bei uns verhaftet. Und das Gesicht und die Haltung des Hauptdenunzianten im Dorf, der sich oft seiner guten Beziehungen zu den Amis gerühmt hatte, verriet nur zu deutlich, daß man ihm jetzt in Dinkelsbühl die kalte Schulter zeigte.

Die nächsten 2 Jahre vergingen im Warten auf die Heimkehr der Soldaten. Viele kamen bald zurück aus der Gefangenschaft. Aber nicht wenige wurden in Frankreich, teils von den Amis, teils von den Franzosen, denen die Amis sie zur Wiedergutmachung durch Arbeit ausgeliefert hatten, noch lange nach der Kapitulation festgehalten. Ich habe auf Bitte der Angehörigen für sie eine Eingabe nach der anderen an die betreffenden Kommandos gemacht. Aber es erfolgte nie eine Antwort. Und es dauerte oft noch lange, bis sie entlassen wurden. Ebenso erfolglos waren die Eingaben für die durch die CIC Verhafteten, die erst nach Monaten oder 1 Jahr wieder frei wurden, ebenso ohne An-gaben von Gründen, wie sie festgenommen worden waren. Von einigen die in Rußland und im Osten verschollen wa-ren, kam nie eine Kunde wieder. Als die meisten wieder daheim waren, wurde in einem Heimkehrergottesdienst an einem Sonntag das, was sie erlebt hatten, und das, was sie

Gott zu danken hatten, unter Gottes Wort gestellt und im Gebet vor Gottes Angesicht gebracht.

Lebenslauf von Oberkirchenrat i. R. Hans Greifenstein – Nürnberg

Geboren 2. November 1883 zu Erlangen – gestorben 12. August 1959 zu Nürnberg
Verfasser unbekannt

Von bäuerlichen Vorfahren aus dem Aischgrund abstammend wurde Hans Greifenstein am 2. November 1883 in Erlangen als ältester Sohn der Gastwirts- und Bäckerseheleute Johann Greifenstein und Margarete, geb. Ziegler geboren. In Erlangen und bei seinen Großeltern und Verwandten auf dem Land erlebte er trotz mancher trauriger Ereignisse eine im Ganzen noch unbeschwerte Jugend. Als Gymnasiast in Nürnberg aber stand er schon unter der

Doppelbelastung der Anforderungen in dem nicht sorgenfreien Geschäftshaushalt seiner Eltern und durch die Höhere Schule. Von der frommen Mutter schon sehr früh zum theologischen Studium bestimmt bezog der zusammen mit 3 Geschwistern aufgewachsene die Universitäten Erlangen und Leipzig und wurde in der Christlichen Studentenverbindung Uttenruthia aktiv. Mit großem Dank bekennt er in seinen erst wenigen Wochen vor seinem Tode abgeschlossenen Lebenserinnerungen, welch hohen Anteil die Uttenruthia als eine christliche Lebensgemeinschaft an seiner geistigen Entwicklung, an der Überwindung kleinbürgerlicher Ängste und Vorstellungen gehabt hat und wie sie ihn besonders für die Gemeinschaft und Freundschaft mit wertvollen Menschen aufgeschlossen hat.

Auf seine theologische Entwicklung gewannen neben den Professoren Theodor Kolde, Karl Müller und Philipp Bachmann die beiden geistigen Führer der Modernen in Nürnberg, Christian Geyer und Friedrich Rittelmeyer,

wachsenden Einfluß. In den dem 1. theol. Examen folgenden Jahren im Predigerseminar München steht der junge
Theologe mitten im leidenschaftlichen ehrlichen Ringen
um die Wahrheit zwischen den beiden theologischen
Hauptrichtungen in der bayer. Landeskirche von damals.
Eine große Hilfe in dem Gärungs- und Reifungsprozeß
dieser Jahre war dem jungen Pfarrer, daß er seine Lebens-
gefährtin fand, die alles mit ihm durchdachte, durchlitt
und durchbetete. An diesen Frühling seines Manneslebens
und kirchlichen Wirkens hat er bis fast zuletzt immer
wieder mit großer Dankbarkeit und Bewegung gedacht.
1911 reichte der Hilfsgeistliche von St. Matthäus-Nürnberg
Elisabeth Fischer die Hand für das Leben. Die Trauung
hielt Friedrich Rittelmeyer.

In den beiden Fichtelgebirgsgemeinden Weißenstadt
und Marktredwitz durften sich die reichen Gaben des
fleißigen Pfarrers in Predigt, Unterricht und Seelsorge
schön entfalten. Es waren auch, äußerlich wie innerlich die
glücklichsten Jahre, zwar von den dunklen Wolken des 1.

Weltkrieges und der sich daran anschließenden Notjahre überschattet, aber doch reich an Segen in Familie und Gemeinde. Drei Kinder wurden dem jungen Pfarrer von seiner Frau geschenkt, Hermann, Hanna und Lotte. In der Gemeindearbeit allen zugetan und wohl auch von den meisten geschätzt wegen seines Eifers, seiner unerbittlichen Wahrheitsliebe und seiner Aufgeschlossenheit für alle Lebensfragen, verstand er es besonders gut mit den „kleinen Leuten", für die er wohl ein besonderes Charisma mitbrachte. Schweren Herzens ließ ihn die Gemeinde von Marktredwitz ziehen, als ihn 1928 der Kirchenvorstand von St. Peter in Nürnberg für die 1. Pfarrstelle an dieser Kirche vorschlug und der Landeskirchenrat ihm diese Großstadtstelle verlieh.

Die St. Peter-Jahre brachten große und anstrengende Arbeit. Sie waren besonders gekennzeichnet von der religiösen Auseinandersetzung mit der sogenannten „Möttlinger Bewegung", vom Bau des Gemeindehauses in der Glockenhofstraße und schließlich vom Kirchenkampf. Der

Heimgegangene spürte damals wie viele mit ihm den heißen Atem der Völkischen Bewegung. Aber er war nüchtern genug und bekam die geistliche Durchsicht geschenkt, der Irrweg der auch in der Kirche aufgebrochenen Bewegung frühzeitig zu erkennen. So hat er sich in den entscheidungsreichen Jahren 1933/34 das Verdienst erworben, wesentlich zur Erhaltung der Einmütigkeit der bayer. evang. Pfarrschaft beigetragen zu haben. Auch der Inneren Mission in Bayern, die ihn zum Vorsitzenden des Landesvereins berufen hatte, konnte er so durch die schwere Krise hindurchhelfen.

Als zeitweiliger Vorsitzender des Landessynodalausschusses und als neuberufenes Mitglied der Kirchenleitung hat er dann von 1934 ab in zähem Ringen mit den damaligen Machthabern, vor allem im Schulreferat der Landeskirche und als Landesführer der Inneren Mission, die kirchlichen Positionen zu verteidigen und, wo immer das möglich war, zu behaupten gewußt. Im Referat Liturgik hat er wesentliche Vorarbeiten der heutigen Agende

IV und die Herausgabe des musikalischen Hilfsbuchs zum Gottesdienst, des sog. Cantionale, verantwortlich mitbestimmt. Eine besondere Freude waren ihm immer wieder die Prüfungen am Missionsseminar in Neuendettelsau und an der Diakonieanstalt in Rummelsberg.

Die kriegsbedingte Verlegung des Landeskirchenrates hatte für Oberkirchenrat Greifenstein schicksalsschwere Folgen: bei einem Luftangriff auf Ansbach wurde er mit seinen Angehörigen von den Trümmern des Haues am Markgrafenring, das er interimsweise bewohnte, verschüttet. Stark angeschlagen glaubte er seinem Dienst im Landeskirchenrat unter den Münchner Nachkriegsbedingungen nicht mehr voll gewachsen zu sein und ließ sich in den Ruhestand versetzen. Dennoch übernahm er, der von Bauern abstammte, aber selber nie Landpfarrer gewesen war, den ihm von seinem Landesbischof angetragenen Dienst an der verwaisten Gemeinde Königshofen in Mittelfranken. Er versah diesen Dienst 6 Jahre lang, bis er im März

1951 endgültig aus dem aktiven kirchlichen Dienst ausschied.

Die 8 Jahre im Emeritenhaus an der Bülowstraße in Nürnberg brachten ihm neben mancher Mitfreude an der Arbeit der Kirche, die sein Herz bis zuletzt bewegte, und dem Heranwachsen seiner fünf Enkelkinder eine sich steigernde Schule des Leidens: den Verlust des rechten Auges, schwere Erkrankung seiner Frau, die ständige Sorge um ihr noch einmal verlängertes Leben, schließlich das Nachlassen der eigenen Kräfte und dann das in seinem Ablauf so bitter schwere Sterbejahr seiner Frau, die am 28. November 1958 endlich heimgehen durfte. Die nun folgenden Monate machten ihn innerlich immer sterbebereiter, bis der vor wenigen Wochen einsetzende rapide Kräfteverfall ihn auf ein letztes, große Geduld forderndes Krankenlager warf, von dem ihn Gott genau in der Stunde, da die Glocken den Kirchentag einläuteten, gnädig erlöst hat. „Wenn einer", so beschloß er am 3. Juli dieses Jahres seine Lebenserinnerungen, „der sich auf den letzten Weg rüsten muß, auf dieses lange Leben mit seinem Auf und Ab und mit den vielen Wunden, die es geschlagen hat, zurückschaut, dann bäumt sich noch oft „die arme Menschenseele“, die, wie Hans Thoma sagt, obwohl sie vom Rätseldrachen der Welt umfangen ist, dennoch ihr fröhliches Lebenslied singen möchte, immer wieder einmal leidenschaftlich gegen dieses und jenes in ihrer Lebensgeschichte auf mit einem vergeblich fragenden „Warum?“. Aber zuletzt muß sie sich doch immer wieder beugen vor dem geheimnisumwitterten Willen, von dem alles kommt und zu dem alles führen soll, und mit den Tausenden, die vor ihr in der Schule Gottes gesessen haben, im Glauben sprechen: „Er hat es alles recht bedacht und alles, alles wohl gemacht. Gebt unserm Gott die Ehre!“

Oberkirchenrat Hans Greifenstein

Bericht über die Amtszeit von Pfarrer Hermann Bauernfeind 1936-1945

Aufgezeichnet 1954 von seiner Gattin Berta Bauernfeind

Abschrift verfertigt von Pfarrer Erwin Günther am 14.7.1954

Pfarrer Hermann Bauernfeind kam [im] Mai 1936 von der Pfarrei Gnötzheim in Unterfranken nach Königshofen.

Es war im 3. Jahr des Nationalsozialismus, der auch hier hohe Wogen geschlagen hat, noch besonders aufgepeitscht durch den Amtsvorgänger, Pfarrer Bräuninger, der „deutscher Christ" war und die Gemeinde in diesem Sinne zu beeinflussen suchte, was ihm auch durch große Betriebsamkeit bei einem Teil der Königshöfer gelang. Doch ist bei vielen durch die leidigen Vorkommnisse und die finanzielle Mißwirtschaft, die zu seinem Ausscheiden aus dem Pfarramt führte, das nationalsozialistische Feuer stark abgekühlt. So mußte nach all den unliebsamen Ereignissen, die der Gemeinde zugemutet worden waren, das Vertrauen, das stark erschüttert war, erst wieder zurückgewonnen werden. Da gab es anfangs allerhand in die Reihe zu bringen, wobei Pfarrverweser Laacke schon gute Vorarbeit geleistet hatte.

Die Arbeit mit dem Kirchenvorstand war zum Teil recht problematisch. Da er mit mehreren fanatischen Nazis durchsetzt war, wurde ein ersprießliches Arbeiten oft recht erschwert, da sie sich mehr als Aufpasser des Nationalsozialismus fühlen, als sich für kirchliche Belange einzusetzen.

Die große Schuldenlast, die als Erbe angetreten wurde, mußte getilgt werden. Ein Schuldentilgungsplan wurde ausgearbeitet und nach und nach wurde die drückende Schuldenlast abgetragen. Die kirchlichen Bedürfnisse wurden aufs äußerste eingeschränkt und in der Kirche waren Büchsen aufgestellt für OKZ = (ortskirchliche Zwecke) Schuldentilgung.

Zu dieser Zeit waren die Pfarrämter auch sehr belastet durch die Ausstellung des arischen Nachweises, den jeder Erwachsene erbringen mußte und ohne den niemand heiraten oder eine Stelle antreten durfte. Da bis 1901 die Orte Bechhofen – Reichenau – Sachsbach – Voggendorf und Wiesethbruck zur Muttergemeinde Königshofen gehörten, mußten sich die Nachkommen dieser Orte ihre arische Abstammung in Königshofen holen, weil ihre Ahnen in den dortigen Kirchenbüchern eingetragen waren. Fast jeden Tag brachte die Post diesbezügliche Anfragen von auswärts, deren Beantwortung meistens eilte. Das Aufsuchen in den zum Teil nicht registrierten Kirchenbüchern war oft sehr mühselig und manchmal nach stundenlangem Suchen noch erfolglos. Da große Zeitspannen nicht alphabetisch registriert waren, legte Pfr. Bauernfeind ein alphabetisches Register an, was die große Arbeit etwas erleichterte (Verkartung).

Im Jahr 1938 kam Heinersdorf, das bisher zu Königshofen gehörte, zu Bechhofen. Heinersdorf war schon seit Jahren nur unwillig und ungern bei seiner entfernt liegenden Muttergemeinde Königshofen. Heinersdorf hatte ja auf der Hand liegende Gründe, um sich von Königshofen loszulösen. Der Weg zur Kirche führte über das ihnen nahegelegene Bechhofen nach dem entfernten Königshofen. Bei einem Todesfall mußten der Sarg und der Leichenzug durch Bechhofen durch, wo bei Passieren des Ortes die Kirchenlocken geläutet und auch bezahlt werden mußten, um zum Königshöfer Friedhof zu kommen. Auch mußte der Königshöfer Pfarrer über Bechhofen nach Heinersdorf zum Religionsunterricht. So wurde endlich doch dem Verlangen der Heinersdorfer nachgegeben und Heinersdorf kam durch Beschluß des Landeskirchenrates zu Bechhofen.

Das NS-Regime hatte zu dieser Zeit die Macht und suchte die Kirche immer mehr auf kaltem Wege zu erledigen. Öfters hatte die Gendarmerie von der Geheimen Staatspolizei den Auftrag, den Horchposten in den Gottesdiensten zu beziehen, um durch evtl. staatsfeindliche oder unvorsichtige Äußerungen wieder einen Pfarrer zu Fall oder ins Konzentrationslager zu bringen. Doch unsere Beyerberger Gendarmerie war kirchlich eingestellt und ging vor dem Pfarrhaus auf und ab, damit man gewarnt war.

Die Ermordung des Botschafters von Paris, Herrn von Rath, durch den Juden Grünspan wurde zum unverständlichen Anlaß genommen, daß die Lehrer den Religionsunterricht an den Schulen niederlegten. Die Pfarrer hatten somit den gesamten Religionsunterricht an allen Klassen, was eine große Mehrarbeit bedeutete.

Da im Volksmund der Spottvers im Schwange war: „Königshofen an der Heide, mit der großen Kirch' und dem kleinen Geläute", fühlten sich die Königshöfer in ihrer Ehre angegriffen. Der Wunsch wurde laut, durch freiwillige Gaben eine neue Glocke anzuschaffen. Die Gemeinde spendete gern und allmählich konnte das Problem in Angriff genommen werden. So wurde bei der Firma Hamm-Regensburg eine Glocke bestellt und zum Glockenguß fuhr der Ortspfarrer mit den Kirchenvorstehern Knörr und König nach Regensburg. Als Aufschrift für die neue Glocke bestimmte Pfr. B. die Worte: „Was der Krieg genommen, ist nun wiederkommen. Ihr Geläute – Fried bedeute!" Eine würdige Feier fand im Frühling 1939 auf dem Friedhof statt, umrahmt von Gesängen und Gedichten. Doch war der Glocke, die nun das bisherige dürftige Geläute verschönte und verstärkte, leider kein langes Leben beschieden. Im Jahr 1944 wurde auch sie Kriegsopfer. Mit zwei andern aus unserem Kirchturm wurde auch sie abmontiert und sollte mit 1000 und abertausenden im ganzen deutschen Land zu Kriegsmaterial umgeschmolzen werden. Doch der Krieg nahm sein tragisches Ende, noch ehe all die so skrupellos auf Hitlers Befehl den Kirchen geraubten Glocken eingeschmolzen waren. Sie standen nach Kriegsende noch jahrelang auf einem Glockenlager in Hamburg. Wider Erwarten durften zwei Glocken wieder in die Königshöfer Kirche zurückkehren. Leider ist die zuletzt angeschaffte Glocke ein Kriegsopfer geblieben.

Am 1. September 1939 brach der Krieg aus und viele Männer der Gemeinde mußten zum Heeresdienst, unter ihnen auch Hauptlehrer Reuter, der Organist der Kirchengemeinde. Pfarrer Bauernfeind hatte zwei Hilfskräfte nachgebildet. Zuerst versah Albert Grüner den Organistendienst und nach dessen Einberufung Gretel Arnold, die Tochter des Mesners.

Da immer mehr Pfarrer zum Heeresdienst eingezogen und manche Gemeinden verwaist waren oder nebenamtlich von Nachbarpfarrern mitversehen wurden, sind kirchlich eingestellte Gemeindeglieder zu Lektoren ausgebildet worden, die im Bedarfsfall den sonntäglichen Gottesdienst übernahmen. Das Amt für Volksmission gab zu diesem

Zweck Lesepredigten heraus. Für Königshofen wurde Herr Knörr aus Waizendorf Lektor.

Im Jahre 1940 fand hier erstmalig eine goldene Konfirmation statt. Von nah und fern stellten sich die goldenen Konfirmanden ein. – Allmählich schlugen die Wogen des Krieges immer höher. Die Städte und kriegswichtigen Betriebe wurden bombardiert und Ausgebombte und Mütter mit Kindern wurden aufs Land evakuiert. Auch Nürnberger Kinder wurden von der NSV auf die Familien in den Dörfern verteilt. Zimmer wurden von der NSV beschlagnahmt, auch im Pfarrhaus. Kieler Mütter mit Kindern kamen nach Königshofen.

Für die Gefallenen der Gemeinde wurden Gedächtnisgottesdienste abgehalten. Nächtlich wurden wir oft überflogen von der anglo-amerikanischen Luftwaffe und das Dröhnen der endlosen Schar wollte kein Ende nehmen. Man erging sich da meistens auf der Straße. Der Ortspfarrer ging öfters auf den Kirchturm, um die Lage beobachten zu können und sah, wie die „Christbäume" über Nürnberg abgeworfen wurden. Darauf hörte man den unheilbringenden Abwurf der Bombenteppiche. Später wurden wir auch bei Tag immer mehr überflogen von den silbernen Vögeln im blauen Himmel.

Trotzdem das negative Kriegsende vorauszusehen war, verharrten noch manche auf ihrem nationalsozialistischen Standpunkt und hofften noch auf den 20. April, Hitlers Geburtstag. Da würden dann die längst verheißenen V-Waffen in Tätigkeit gesetzt und der „Endsieg" herbeigeführt. – Am 22. und 23. Februar 1945 wurde auch Ansbach von Fliegern schwer heimgesucht. Am 26. Februar 1945 wurde Pfarrer Bauernfeind ein Opfer der Tiefflieger, die in Mörlbach bei Steinbach einen Zug beschossen und großes Blutvergießen anrichteten.

Berta Bauernfeind beim Auszug aus dem Pfarrhaus

Zwei Todesfälle in den letzten Kriegstagen

Von Michael Weber

Der Krieg war schon so gut wie vorbei, aber einige sträubten sich noch gegen diese Einsicht. Am 20. April 1945 (Hitlers Geburtstag) kam Karl Fröller aus Abwinden, Kreis Linz, mit seiner Einheit nach Königshofen. Sie verminten die Ortsausgänge und zerstörten die kleine Brücke bei der Weihermühle, um den Vormarsch der Amerikaner aufzuhalten, vielleicht in der vagen Hoffnung auf eine „Wunderwaffe", vielleicht aber auch nur aus Angst vor Strafe; viele Zeitgenossen erzählten später, sie hätten damals schon gewusst, dass der Krieg verloren war. Junge Männer aus dem Dorf hielten sich bedeckt oder schlugen sich in die Wälder, um einer Einberufung zum „Volkssturm" zu entgehen.

In der Nacht zum 21. April (dem Jubilatesonntag in dem Jahr) zogen die Soldaten rasch ab. Dabei trat Karl Fröller versehentlich auf eine Mine, wurde von der Explosion getötet und auf das heutige Anwesen Münsterstraße 28 geschleudert. Der Arberger Pfarrer (Karl Fröller war Katholik) beerdigte ihn noch am Abend desselben Tages auf dem Königshöfer Friedhof zwischen zwei einheimischen Kriegsopfern, und die evangelische Gemeinde nahm auf Bitten ihres damaligen Pfarrers, des Oberkirchenrats Hans Greifenstein, zahlreich an dem Begräbnis teil. Kurze Zeit davor hatten die Minen noch ein weiteres Opfer gefordert: Friedrich Kunder aus Ehingen war am Ortsausgang Richtung Waizendorf beim Anwesen der Familie Muser, heute Prof.-Pächtner-Straße 3, ebenfalls auf eine Mine getreten und von dieser buchstäblich in Stücke gerissen worden.

Friedrich Heinrich Kunder

Geb.: 21.11.1915

Gest.: 22.4.1945 um 16.30 Uhr in Königshofen, beim Gang von Königshofen nach Waizendorf durch eine Mine getötet.

Beerdigt: 24.4.1945 um 13 Uhr in Ehingen

Text: Psalm 39, 8+10

Karl Fröller

Geb.: 13.1.1901

Gest.: 21.4.1945 in Königshofen

Beerdigt: 22.4.1945 in Königshofen

Umgebettet: 4.6.1959 auf den Ehrenfriedhof am Nagelberg bei Treuchtlingen, Grab 6/39

Das Grab von Karl Fröller auf dem Königshöfer Kirchhof

Der frühere Leichenwagen der Gemeinde; mit ihm wurde

auch der Leichnam von Pfarrer Bauernfeind von Colmberg

abgeholt

Nachwort

Es sind nicht mehr viele, die erzählen können, wie es war. Weil der Mensch aber zur Vergesslichkeit neigt, ist es wichtig, aufzuschreiben, was damals geschah. Geschichte muss sich nicht unbedingt wiederholen. Man kann auch lernen aus ihr und die Dinge in der Zukunft besser machen, als sie in der Vergangenheit waren. Im Jahr 2020 jährt sich das Kriegsende zum 75sten mal — es ist schon spät für dieses Büchlein, aber nicht zu spät. Herzlichen Dank Gerd Dehm für die Anregungen und die Unterstützung, Heike Fischer, die die Texte von und über Hans Greifenstein und von Berta Bauernfeind abgetippt hat, Fritz Sauerbeck für die Korrekturen und natürlich Hans Greifenstein und Berta Bauernfeind, dass sie ihre Erinnerungen so sorgfältig aufgeschrieben und ihre Zeit für uns heute nacherlebbar gemacht haben. Nicht vergessen werden darf Erwin Günther, der als Erster angefangen hat,

Wissen und Erinnerungen über diese Zeit zu sammeln. Die Familien Heiß und Schübel haben — rare! — Bilder aus der Zeit zur Verfügung gestellt - vielen Dank! Am meisten aber danke ich denen, die bereit waren, zu erzählen, wie es war: Georg Arnold, Luise Christl, Karl Dehm und Friedrich Heiß. Ich wünsche mir, dass dieses kleine Buch den Königshöfern von morgen hilft, aus der Geschichte zu lernen.

Michael Weber